Wylekyn et Galfridus Colyn, homines et tenentes nostri de Lyde, a majoris excommunicacionis sentencia qua erant astricti pro eo quod quandam cartam antiquam nobis et ecclesie nostre Cantuariensi juribus et libertatibus prejudicialem innovari per curiam regiam procurarunt et eadem usi fuerunt, prestito prius ab omnibus et singulis prenotatis sacramento quod nos et ecclesiam nostram predictam ad statum pristinum super hiis reducerent et libertates hujusmodi conservarent illesas quoad cartam predictam et usum ejusdem, et quod ipsa carta nequaquam imposterum uterentur, quodque scriptum quoddam obligatorium ex unanimi et expresso eorum consensu confectum suis consignarent sigillis, fuissent per nos ad sui postulacionem humilem absoluti ; postea tamen legittime moniti atque jussi auctoritate nostra sub pena retrusionis in eandem sentenciam extunc prolatam, quod scriptum hujusmodi consignarent et dictum juramentum suum in ceteris observarent, animo obstinato contemptibiliter hoc facere recusarunt, propter quod in [Fo. 254.] dictam excommunicacionis | sentenciam dampnabiliter reciderunt. Quocirca tibi mandamus quatinus dictos Simonem, Johannem et omnes alios ac singulos prenotatos denuncies publice et denunciari facias in ecclesia parochiali de Lyde et aliis locis convicinis diebus solempnibus et festivis eadem excommunicacionis sentencia involutos, publice inhibendo et inhiberi faciendo ne quis in casu illicito communicet cum eisdem seu eorum aliquo, donec absolucionis beneficium meruerint seu meruerit optinere. Et quid feceris in premissis nos citra festum sancti Martini certifices per tuas patentes litteras harum seriem continentes. Datum apud Tenham xij kal. Novembris anno domini et cetera consecracionis nostre et cetera.

[*October 30th, 1298. Letter to Edward I on behalf of the barons of the Cinque Ports, who had recently been deprived of their privileges at Yarmouth Fair.*]

Domino Regi ut faciat justiciam baronibus de V portibus[1] contra eos de Garnemuta.—Excellentissimo principi domino Edwardo dei gracia regi Anglie illustri et cetera Robertus permissione divina et cetera salutem in eo per quem reges regnant et cetera. Ex debito paterne sollicitudinis vigilare tenemur ut pro pacis unitate filiorum nostrorum spiritualium zelantes totis viribus laboremus, ut precidatur dissensionum materia inter eos que presertim multarum verisimiliter pericula induceret animarum. Sane a quibusdam recepimus quod barones vestri de quinque portubus[1]

---

[1] *Sic* MS.

statu et possessione libertatum suarum quas in nundinis Gernemute
ab antiquo exercere solebant, per municipes et homines vestros de
Gernemuta in ultimis nundinis ejusdem loci nuper fuerant voluntarie
destituti. Quanta igitur pericula et dampna non tam rerum quam
corporum et animarum ex parcium discordia predictarum nimis
frequenter proh dolor hactenus evenerunt experimentis nimiis
didicit regia celsitudo. Ne igitur nimie inquietudinis dispendia ex
parcium hujusmodi adversitate valeant, quod absit, contingere in
futurum propter morosam dilacionem apponendi in hac parte
remedium oportunum, vestre dominacionis clemenciam attencius
exoramus quatinus propter vitanda tanta pericula celerem justiciam,
que inter nautas non tam utiliter quam necessario ut frequenter
requiritur, ad relevacionem lesorum exhiberi faciatis salubriter in
premissis, ut mortis insidiis et animarum dispendiis hincinde salubriter
evitatis ex subditorum mutue tranquillitatis fomento vester animus
jocundius conquiescat. Valeat et crescat semper in Christo cum
gaudio regia celsitudo. Datum apud Tenham ij kal. Novembris
anno domini et cetera.

[*October 30th, 1298. Letter to the Bishop of Durham urging him to use his
influence to secure speedy justice for the Barons of the Cinque Ports, who
had recently been deprived of their privileges at Yarmouth Fair.*]

DEPOSICIO AD DOMINUM DUNELM' PRO EISDEM. —Venerabili
in Christo patri et amico suo si placet confidentissimo domino A.
dei gracia Dunelmensi episcopo Robertus permissione et cetera se
totum ad beneplacita preparatum. Quia ex perturbacione status et
libertatum quas barones domini nostri regis de quinque portibus
singulis annis in nundinis Gernemute consueverant exercere et in
nundinis ejusdem loci ultimo jam transactis per municipes Gernemute
sunt eisdem ut dicitur voluntarie destituti, magna pericula non tam
rerum et corporum quam animarum poterunt hincinde verisimiliter
provenire, quibus ex debito paterne affeccionis astringimur pro
viribus obviare, illibate amicicie vestre providam circumspeccionem
rogamus attente quatinus injuriam passis in hac parte vestri favoris
consilii et subvencionis auxilio celerem justiciam per dominum
nostrum regem vel per eos quos ad hoc deputaverit, fieri
procuretis, ne ex retardacione debiti remedii per insidias parcium
hincinde forsitan nequiter apponendas nostrorum periclitari contingat, quod absit, animas subditorum, et ex ipsorum discordia
quantum poterit devitanda aliorum quies et tranquillitas perturbetur.
Valeat sincera dileccio vestra per tempora infinita. Datum apud
Tenham ij kal. Novembris anno et cetera.

[*November 5th, 1298. Notification to the bailiffs and tenants that the Arch-bishop has appointed Sir William Trussel steward of all the estates belong-ing to him and the church of Canterbury.*]

NOTIFICACIO BALLIVORUM DE W. TRUSSEL SENESCALLO CREATO.—Robertus et cetera universis ballivis et tenentibus nostris ac nostre ecclesie Cantuariensis tam liberis hominibus quam aliis ad quos presentes littere pervenerint, salutem, graciam et benediccionem. Vobis omnibus et singulis notum facimus per presentes quod nos dilectum nobis in Christo Willelmum Trussel militem senescallum omnium terrarum nostrarum ad nos et ecclesiam nostram qualitercum-que pertinencium facimus, ordinamus et constituimus, po-
[Fo. 254ᵛ.] testatem omnem seu jurisdiccionem et cetera ad hujusmodi |
senescalliam pertinencia plenarie committentes eidem, donec aliter duxerimus ordinandum.   Quocirca vobis omnibus et singulis vestrum precipiendo mandamus quatinus prefato domino Willelmo tanquam senescallo nostro sitis obedientes et plenius intendentes, donec aliud videritis in mandatis.   Idem universis ceteris Christi fidelibus significare duximus per presentes.   In cujus et cetera.   Datum apud Tenham nonis Novembris anno domini et cetera.

[*November 10th, 1298. Letter to the Bishop of London complaining of a mis-understanding about the raising of a sum of money as a present to the Pope to expedite the business of the petition from the clergy of the province of Canterbury, and inquiring if the Bishop had collected and accounted for the rest of the tenth against the Scots.*]

REPREHENSIO LOND' QUI INCONGRUE CERTIFICAVIT DE NEGOCIO INFRA SCRIPTO.—Robertus permissione et cetera venerabili fratri domino R. dei gracia Londoniensi episcopo salutem et cetera. Responsio cleri vestri quam nobis nuper in certificatorio vestro scripsistis de credencia vice nostra per nostrum nuncium specialem vobis ut credimus sufficienter exposita, et ipsius cleri exinde deliberacione secuta eidem credencie, si rite intimata extitit, non concordat et a communi consensu per prelatos et clerum nostre provincie prout nostis ordinato concorditer discrepat evidenter, cum in dicta credencia nil fuisset de nova collecta facienda locutum, sed dumtaxat de quantitate summo pontifici conferenda, de qua sola et non an fieri debuit, pendebat juxta prehabitorum effectum deliberacio memorata.   In eo eciam dicta responsio discrepat a condicto et in se veritatem non continet, quod in ea inseritur nichil esse prestandum summo pontifici pro articulis ad Curiam Romanam transmissis tanquam per papale responsum directe vel indirecte penitus expeditis.   Nos enim pro expedicione articulorum ipsorum plus

ceteris laborantes, nec eosdem articulos sic expeditos comperimus
nec clerum nostre provincie quo ad articulos precipue magis arduos
in aliquo relevatum.   Taliter eciam et tam inconsulte non vidimus
ab alio clero nostre provincie responderi sed pocius supposita
prestacione hujusmodi prout ex communi condicto debuerat facienda,
de sola quantitate prestacionis ipsius sue deliberacionis consilium
retulerunt.   Unde presumi videtur quod aut credencia supradicta
incompetenter exposita extitit, aut clerus vester super hoc minus
sufficienter forsan instructus ad deliberacionem inprovidam leviter
declinasse.   Ut igitur labores quo ad hec vitemus inanes, tam pro
nobis quam eciam pro prelatis et clero nostre provincie, ut eciam
nostra et eorum quo ad hec servetur indempnitas super expedicione
prefati negocii magis idonea per cautelam quam ad id plus expedire
videritis, quam industrie vestre committimus, cupimus reddi quamcicius oportune poteritis certiores.   Ad hec si idem nuncius noster
nichil de vobis referendis ex injuncto nostro omiserit prout verisimiliter presumere debemus, super substanciali et arduo nos
certiorare penitus omisistis, an videlicet residuum decime contra
Scotos concesse plenarie collegistis et communibus receptoribus
nostris Londonie liberastis, et de compoto reddendo infra tempus
vobis limitatum super receptis omnibus decime supradicte, super
quibus similiter cum omni celeritate qua fieri poterit nos certiorare
nullatenus omittatis.   Valete semper in Christo.   Datum apud
Chartham iiij° id. Novembris anno domini et cetera consecracionis
nostre et cetera.

[*November 19th, 1298.   Collation of Robert de Ros to a prebend in the church of
South Malling, vacant by the resignation of Henry de Northwode.*]

COLLACIO PREBENDE SUHTMALL' FACTA MAGISTRO R. DE
ROS.—Robertus et cetera dilecto filio magistro Roberto de Ros
cancellario nostro et canonico ecclesie prebendalis Submalling'[1]
salutem et cetera.   Gratum quod nobis et ecclesie nostre servicium
impendisti et imposterum ut speramus impendes, necnon de ecclesie
Submalling'[1] commodum quod inde credimus profuturum propensius
advertentes, canonicatum in ipsa ecclesia Submalling' cum plenitudine juris canonici et prebendam quam magister Henricus de
Norhtwode nuper tenuit in eadem per ipsius Henrici resignacionem
vacantem et ad nostram collacionem spectantem cum omnibus rebus
ac juribus ad prebendam spectantibus, tibi conferimus intuitu
caritatis, et te de canonicatu ac prebenda hujusmodi per nostrum

---

[1] *Sic* MS.

anulum investimus. In cujus rei testimonium sigillum nostrum presentibus est appensum. Datum apud Wengham xiij^mo. kal. Decembris anno et cetera consecracionis et cetera.

[*November 19th, 1298. Commission to the dean of South Malling to install and induct Robert de Ros to the vacant prebend in the church of South Malling.*]

QUOD INDUCATUR IN POSSESSIONEM EJUSDEM PREBENDE.— Robertus et cetera . . decano ecclesie prebendalis Submalling'[1] vel ejus locum tenenti salutem et cetera. Quia canonicatum in dicta ecclesia[2] Submalling' et prebendam, quam nuper magister Henricus de Norhtwode tenuit in eadem per ipsius Henrici resigna-

[Fo. 255] cionem vacantem et ad nostram | collacionem spectantem,

magistro Roberto de Ros cancellario nostro contulimus, tibi committimus et mandamus quatinus eidem magistro Roberto vel suo procuratori ejus nomine stallum in choro et locum in capitulo juxta ipsius ecclesie consuetudinem statim assignans, eundem magistrum Robertum vel procuratorem suum ut supra in corporalem possessionem dicte prebende cum domibus et aliis juribus et pertinenciis ad eandem inducas vel induci facias cum effectu, sibique de prebende pronotate proventibus integre responderi. De die vero recepcionis presencium et quid feceris in premissis nos tuis patentibus litteris harum tenorem habentibus plene certifices cum super hoc oportune fueris requisitus. Datum apud Wengham xiij° kal. Decembris anno et cetera consecracionis et cetera.

[*Undated. Notification to the mayor of Cambridge that the Archbishop has deputed Richard de Oteringham official of the diocese of Ely, sede vacante, to demand from him certain criminous clerks, who are in custody.*]

ASSIGNACIO OFFICIALIS ELYENSIS AD PETENDUM CLERICOS IRRETITOS DE CRIMINIBUS CORAM JUSTICIARIIS MAJORI CANTEBRIG' NOTIFICATUR.—Robertus et cetera dilecto filio . . majori Cantebrig' salutem et cetera. Ad petendum et recipiendum nomine nostro, sede episcopatus Elyensis vacante et spiritualitatis ejusdem custodia in nostris manibus existente, quoscumque clericos coram vobis auctoritate regia cognoscentibus de furti vel homicidii seu eciam quocumque alio capitali crimine irretitos aut eciam ea occasione carcerali custodia mancipatos sive quocunque modo detentos, magistrum Ricardum de Oteringham officialem nostrum in dicta Elyensi diocesi constitutum tenore presencium assignamus et specialiter deputamus. In cujus rei testimonium sigillum nostrum

---

[1] *Sic* MS.   [2] MS. ecclesiam.

hiis patentibus litteris est appensum.   Datum apud Tenham et cetera.

[*Undated.   General notification of the same.*]

LITTERA ASSIGNACIONIS PREDICTE.—Pateat universis quod nos Robertus permissione et cetera ad petendum et recipiendum nomine nostro quoscunque clericos coram quibuscunque justiciariis domini regis in villa seu comitatu Cantebrigiensi de furti vel homicidii aut alio capitali crimine quocumque tempore episcopatus Elyensis vacaverit irretitos, aut ea occasione carcerali custodie mancipatos vel quocunque modo in custodia laicali detentos, magistrum Ricardum de Oteringham officialem nostrum in dicta Elyensi diocesi constitutum tenore presencium assignamus et specialiter deputamus. In cujus rei testimonium et cetera.   Datum et cetera.

[*December 2nd, 1298.   Collation of John of Lewes to the church of Buxsted in the diocese of Chichester in the Archbishop's immediate jurisdiction.*]

COLLACIO ECCLESIE DE BOCSTED' EX GRACIA FACTA J. DE LEWES.—Robertus permissione divina et cetera dilecto filio Johanni de Lewes presbitero salutem graciam et benediccionem.   Volentes erga te rigorem justicie linimento misericordie temperare, ecclesiam de Bocstede Cycestrensis diocesis et nostre immediate jurisdiccionis vacantem et ad nostram collacionem pleno jure spectantem tibi conferimus cum suis juribus et pertinenciis universis.   Ita tamen quod ea que tibi incumbunt ex effectu gracie sedis apostolice cujus virtute hujusmodi beneficium te dicis primitus assecutum, totis imposterum viribus exequaris.   In cujus rei testimonium has nostras litteras tibi fieri fecimus sigilli nostri munimine roboratas.   Datum apud Wengham iiij° Non. Decembris anno domini M°. cc^{mo}. nonagesimo octavo consecracionis nostre quinto.

[*December 10th, 1298.   Notification that Ralph de Knovile is entitled to hold the rectory of Harrow, and also a prebend of Wingham.*]

LITTERA TESTIMONIALIS QUOD R. DE KNOVILE SUPER JUSTA ASSECUCIONE ECCLESIE DE HAREWES ET PREBENDA DE WENGHAM.—Omnibus Christi fidelibus ad quorum noticiam hec scriptura pervenerit Robertus permissione et cetera salutem et pacem in domino sempiternam.   Universitati vestre tenore presencium facimus manifestum quod cum nuper in nostra visitacione fuisset in nostra Cantuariensi diocesi per denunciaciones multiplices intimatum quod magister Radulphus de Cnovile, qui se gerit pro rectore ecclesie de Harewes Londoniensis diocesis nostre tamen immediate jurisdiccionis et canonicus ecclesie prebendalis de Wengham, dictam ecclesiam juxta conscienciam predecessoris nostri qui eandem ecclesiam prefato magistro Radulpho contulisse asseritur extitit assecutus, et quod prenotata prebenda tempore quo conferebatur eidem non vacavit ; nos super hiis veritatem plenius inquirentes per legittima documenta comperimus memoratum Radulphum prefatam ecclesiam de Harewes de donatoris assensu fuisse ut convenit assecutum ac prefatam prebendam tempore collacionis ejusdem dicto magistro Radulpho factam ut superius tangitur vacavisse. In testimonium vero et memoriam premissorum sigillum nostrum presentibus est appensum. Datum apud Lymminge iiij° id. Decembris anno domini et cetera consecracionis nostre quinto.

[*December 22nd, 1298. Letter to Geoffrey de Vezano declining to order the payment of certain pensions claimed by Hugucio, the rector of Shoreham, a pluralist, to be made to Geoffrey as his proctor.*]

MAGISTRO G. DE VEZANO PRO RECTORE DE SCHORHAM.— Robertus et cetera discreto viro magistro Giffredo de Vezano canonico Cameracensi et camere domini pape clerico [Fo. 255ᵛ.] salutem et cetera. | Licet dominus cardinalis cujus meministis in litteris vestris pro magistro Hugucione rectore ecclesie de Schorham jam repetitis vicibus nobis scripsisset, eundem tanquam dilectum capellanum suum domesticum et continuo commensalem ipsiusque . negocia nobis specialiter recommendans, nullum tamen responsum sibi fieri transmisse nobis sue littere requirebant, circa id tamen facere intendimus quod placere debeat tanto domino et nobis videbitur oportunum. Super termino vero eidem rectori per nos assignato racione pluralitatis suorum beneficiorum alias vobis scripsimus, quod omnino supersederemus, obtentu privilegiorum suorum que nobis transmisistis et quorum copiam sub sigillo vestro nobis retinuimus, donec tractatum personaliter vobiscum habuerimus pleniorem ; sed precipere rectoribus et vicariis vicinis sicut rogastis quod vobis sicut procuratori dicti rectoris de Schorham de pensionibus sibi debitis responderent, nec licite possumus nec honeste, cum nobis per aliquam viam juris non constet de subtraccione hujusmodi pensionum, de qua cum legittime apparuerit circa restitucionem id quod nostrum est favorabiliter exequemur. Quod autem visitantes querimus quo jure idem rector contra jus commune in alienis ecclesiis percipiat pensiones ut nos tanquam loci ordinarius super hiis plenius informemur, nec indecens reputari debet cum sit juri consonum nec inhonestum cum judici nullo modo sit circa hec jus percipientis notorium vel probatum.

Quamquam itaque dictus rector inter alios sue condicionis circa hec rectores et vicarios nostre diocesis ad ostendendum jus speciale, si quod haberet vel aliud racionabile cujus pretextu pensiones predictas valeat percipere evocatus nichil proposuerit per se vel per alium in premissis, nolumus tamen contemplacione dicti domini cardinalis et vestri sibi in aliquo prejudicari, donec vobiscum tractaverimus sicut promisimus de eisdem. Valete semper in Christo. Datum apud Cranebrok' xi kal. Januarii anno domini et cetera consecracionis et cetera.

[*December 31st, 1298. Mandate to the Dean of the Arches, after he has received an account of the administration of the goods of the late Henry Box, citizen of London, from the rector of St. Anthony, London, to release him from the office of administrator and from the sentence of excommunication which he had incurred.*]

ABSOLUTORIUM RECTORIS SANCTI ANTONINI LONDON' AB ONERE ADMINISTRACIONIS BONORUM H. BOX ET AB EXCOMMUNICACIONE QUA EA OCCASIONE FUIT LIGATUS.—Robertus et cetera dilecto filio . . decano ecclesie beate Marie de Arcubus Londonie salutem et cetera. Accedens ad nos Thomas rector ecclesie sancti Antonini Londonie et bonorum quondam Henrici Box civis ejusdem loci per nos executor deputatus, et ab administracione eorundem bonorum ex certis causis per nos dudum amotus, ab excommunicacionis sentencia quam incurrit pro eo quod bona dicti Henrici defuncti, que ad manus ejus pervenerant, rectoribus ecclesiarum sancti Dunstani et sancti Martini Londonie quibus eorundem bonorum administracionem commisimus juxta seriem mandati nostri super hoc emissi non restituit, absolvi humiliter se petebat, auditoque et recepto ab eo compoto administracionis bonorum dicti defuncti que ad eum pervenerant ab onere administracionis sue in hac parte totaliter liberari. Nolentes igitur ex officio oneris per nos sibi in premissis commisso afferri aliqualiter, quatenus honeste vitari poterit, detrimentum, vobis mandamus quatinus recepto ab eodem Thoma fideli compoto de omnibus receptis de bonis predicti civis pro tempore administracionis sue, doctoque coram vobis de restitucione bonorum ejusdem defuncti juxta mandati nostri effectum alias ut premittitur super hoc directi; ipsum nedum ab onere ejusdem administracionis et ipsius sequele sed eciam ab excommunicacionis sentencia qua detinetur ut pretangitur alligatus, sine more periculo per vos vel per alium quem ad hoc reputaveritis idoneum absolvatis, ad que vobis vices nostras committimus, cum potestate cohercionis canonice per presentes. Datum apud Maghefeld' ii kal. Januarii et cetera.

[*Undated. Letter of thanks to Robert de Burghesse for his action in recalling the Archbishop's tenants of Lydd to their obedience, but refusing to absolve them, as they have not agreed to seal a certain document.*]

REGRACIATORIUM DOMINO R. DE BURGHESSE PRO HOMINIBUS DE LYDE ET EXCUSATORIUM IN HIIS QUE SECUNTUR.—Robertus et cetera dilecto filio Roberti de Burghesse et cetera. De magno zelo quem geritis pro honore et commodo nostri status et precipue in revocando homines et tenentes nostros de Lyde rebelles ad debitam subjeccionem et obedienciam nostram, vobis graciarum referimus acciones. Ceterum licet ostenderimus eisdem tenentibus scriptum de ipsorum consensu expresso confectum ex cujus con-signacione et roboracione sibi dicunt ut scripsistis preju-

[Fo. 256.] dicium | generari, ut si quid reprehensibile in eo ostendisse poterunt illud ad vestri instanciam qui pro eis rogastis reparassemus gratanter, iidem tamen tenentes nostri nichil aliud contra illud scriptum proponere curaverunt, nisi quod predecessores sui nuncquam talia consignarunt. Cum igitur ipsos tanquam mani-festos nostrarum et ecclesie nostre libertatum offensores sancte matri ecclesie non intendamus sicut petunt reconciliare nisi prius de offensis suis satisfecerint, quod undique nobis secure facere non possent, nisi scriptum hujusmodi quod per nostros fieri rogarunt nec illud in aliquo racionabiliter sciunt redarguere consignarent, non miretur vestra discrecio si ad precium vestrarum instanciam predictos rebelles ad graciam non admisimus ut petistis. Valete et cetera.

[*January 6th, 1299. Mandate to the Archbishop's official, as an appeal has been made to the Archbishop from the sentence of the Dean of the Arches in the case of the rival claimants to the church of Grendon in the diocese of Coventry and Lichfield, to send all documents relating to it, and summon the claimants to appear before the Archbishop.*]

REVOCACIO CAUSE AB .. OFFICIALI CUI MANDATO OFFICIALI NON PARUIT SED ABSQUE LITTERIS SE EXCUSAVIT PRESENCIALITER ET SECRETIUS CORAM DOMINO.—Robertus et cetera dilecto filio .. officiali nostro Cantuariensi salutem et cetera. Quia appellacionis causam a sentencia . . decani ecclesie beate Marie de Arcubus Londonie vestri commissarii generalis ut dicitur interposite, que super ecclesia de Grendon' Coventrensis et Lichfeldensis diocesis inter Matheum de Spaldinge, qui se dicit rectorem ejusdem ipsius-que possessione per execucionem sentencie dicti decani destitutum, partem appellantem ex parte una, et magistrum Willelmum de Swepston' ad ipsam ecclesiam tanquam ad vacantem se dicentem presentatum partem appellatam ex altera coram vobis in curia

nostra Cantuariensi pendere asseritur indecisa certis ex causis ad
nostram cognicionem et examinacionem specialiter revocamus,
vobis mandamus quatinus totum processum tam in eadem appellacionis causa coram vobis quam prius in principali habitum et vobis
transmissum, nobis ad proximum diem juridicum post festum Puri-
ficacionis beate virginis ubicumque tunc et cetera sub sigillo vestro
inclusum fideliter transmittatis, prefigentes partibus supradictis
eosdem diem et locum ad videndum publicacionem ejusdem, necnon
ad procedendum in dicta appellacionis causa et ad faciendum in
eadem et ipsam contingentibus quod justicia suadebit.   Ad hec
quia Edmundus de Verduno litteram institucionis dicti Mathei et
quedam alia instrumenta sua originalia absque causa racionabili ut
pretenditur detinet et sibi reddere contradicit, eidem Edmundo ex
parte nostra firmiter injungatis quod omnia instrumenta dictum
Matheum in hac parte contingencia ad nos dictis die et loco salvo
transmittat absque litterarum vel sigillorum cor[r]upcione quatenus
vitari poterit aliquali.   De die vero recepcionis presencium et quid
feceritis in premissis nos ipsis die et loco certificetis per vestras
patentes litteras harum seriem continentes.   Datum apud Maghefeld' viij id. Januarii anno domini et cetera.

_____

[*January 7th, 1299.   Mandate to the Archbishop's official in the diocese of Ely,
to induct Simon Ganet, a clerk in minor orders, to the church of Papworth
Agnes, but to continue to sequestrate the fruits thereof.*]

ADMISSIO S. DICTI G. IN MINORIBUS ORDINIBUS CONSTITUTI
AD ECCLESIAM ET INDUCCIO EJUSDEM ET SEQUESTRACIO.—
Robertus permissione et cetera dilecto filio . . officiali nostro
Elyensi sede vacante salutem et cetera.   Cum nos Symonem dictum
Ganet clericum in minoribus dumtaxat ordinibus constitutum ad
ecclesiam de Pappeworth Auneys Elyensis diocesis vacantem
legittime presentatum, prout per inquisicionem inde factam nobis
liquet evidenter, ad eandem ecclesiam admiserimus promovendum
ad titulum ipsius congruis temporibus ad ordines quos hujusmodi
ecclesie cura requirit, ipsumque in corporalem possessionem ejusdem
domuumque ac aliorum locorum ad eandem ecclesiam pertinencium
fore inducendum, fructusque et proventus ejusdem ecclesie sub
nostro sequestro interim decreverimus conservandos, vobis mandamus quatinus, amotis a prefata ecclesia et ejus manso illicitis si qui
sint detentoribus, dictum Simonem ipsiusve procuratorem in corporalem possessionem ipsius ecclesie et domuum aliorumque locorum
ad eandem pertinencium inducatis seu faciatis induci et inductum
competenter defendi ; fructus vero et proventus ejusdem arcius

sequestretis et sub districto faciatis custodiri sequestro ad opus
rectoris vel in utilitatem ipsius ecclesie prout juris et moris fuerit
convertendos ; contradictores et rebelles quacumque censura ecclesiastica canonice cohercendo. Et quid feceritis in premissis nos
	cum per dictum S. fueritis congrue requisiti certificetis
[Fol. 256ᵛ·] per vestras patentes litteras et cetera. | Datum apud
	Maghefeld vij id. Januarii anno domini et cetera conse-
cracionis nostre et cetera.

———

[*January 7th, 1299. Mandate to the Archbishop's commissary, after inspecting
the accounts of William de Heth', administrator of the temporalities of the
Augustinian Canons of St. Gregory's Priory, Canterbury, which show a
much more satisfactory state of affairs, to command the said William to
continue in his office.*]

MONICIO W. DE HETH' QUOD VACET ADHUC ADMINISTRACIONI
TEMPORALIUM DOMUS SANCTI GREGORII CANT'.—Robertus et cetera
magistro Martino commissario nostro Cantuariensi salutem et cetera.
Quia superviso compoto Willelmi de Heth' super custodia domus
nostre sancti Gregorii Cantuariensis et administracione bonorum
ejusdem apparet prima facie dictum Willelmum in bonis ejusdem
ad utilitatem ipsius ecclesie fideliter administrasse et ad exoneracionem aeris alieni quo eadem nimis oneratur ecclesia non modica
de bonis suis propriis expendisse et predicte domus et ecclesie
commodum procurasse quamplurimum et honorem, et per hoc sue
carenciam providencie ac diligentis sue industrie subtraccionem
eidem loco dampnosam esse futuram non minimum presumamus,
tibi mandamus quatinus eundem Willelmum vice nostra districte
moneas et efficaciter inducas quod sollicitudinis sue vigilanciam
circa temporalia dicte domus sollicite continuet in futurum, donec
congrua deliberacione habita aliter de statu ejusdem loci duxerimus
ordinare ; ita ut saltim hoc anno per vigilancie sue curam debitum
in quo idem locus sibi est obnoxius valeat congrue sublevare, et
eidem domui interim proficere ut solebat. Quid autem feceris in
premissis et similiter quid idem Willelmus in hiis duxerit faciendum
nos quamcicius commode poteris certifices oportune. Datum apud
Maghefeld' viiᵐᵉ id. Januarii anno domini et cetera consecracionis
nostre quinto.

———

[*January 7th, 1299. Notification to the Archbishop's official in the diocese of
Ely that the prior of Anglesey, guilty of various misdeeds, has resigned, and
mandate to him to instruct the convent to elect a prior, and to take certain
precautions about the late prior.*]

QUOD . . CONVENTUS DE ANGLESEYA ELYENSIS DYOCESIS
ELIGAT PRIOREM ET QUOD PRIOR QUI CESSIT ARCEATUR AB EXITU.

—Robertus et cetera officiali Elyensi sede vacante salutem et cetera. Cum frater Johannes de Bodekesham nuper prior de Angleseye Elyensis diocesis secundum ordinacionem nostram cui se submisit pure sponte et absolute racione incontinencie dilapidacionis bonorum dicte ecclesie et aliorum quorundam excessuum suorum super quibus coram nobis fuerat evocatus, eidem prioratui cesserit, ipsumque in manus nostras resignaverit absolute, tactisque sacrosanctis coram nobis juraverit bona dicte ecclesie in sua custodia vel potestate existencia vobis nostro nomine plenarie liberare infra quatuor dies a tempore reversionis sue ad ecclesiam predictam, in qua ipsum continue morari sine exitu a tempore reditus sui ejus claustro ascriptum precipimus donec aliud de statu suo duxerimus ordinandum, nec aliqua de eisdem bonis consumere seu aliqualiter dissipare, vobis mandamus quatinus denunciata conventui ejusdem loci ipsius prioratus vacacione hujusmodi si eleccionem liberam habere solebat, ipsos sollicite excitetis quod ad providendum sibi de viro idoneo in priorem suum eligendo non tam celeriter quam prudenter attendant; bona eciam hujusmodi in potestate dicti fratris Johannis existencia recipiatis ab eodem fideliter conservanda ad usus in quos debeant erogari; caventes diligenter ne idem frater potestatem habeat aliqua bona dilapidandi vel inutiliter dissipandi. Eidem tamen fratri Johanni racione cujusdam infirmitatis quam se habere asserit, licenciam spaciandi infra septa dumtaxat ipsius monasterii cum morbus ipse irrepserit, concessimus graciose, ita quod aliis temporibus in claustro maneat prout decet, unde hujusmodi spaciandi graciam cum aliquo confratre suo honesto sibi libere permittatis. Ut de hiis que feceritis in premissis necnon de jure et modo preficiendi priorem in dicto loco ac aliis negocium istud tangentibus et que ulterius circa hec fieri expediat, nos quamcicius commode poteritis per vestras litteras hujusmodi et prioris mandati nostri vobis super hiis directi seriem continentes cerciores reddatis. Datum apud Maghefeld' vj idus Januarii anno domini et cetera.

[January 10th, 1299.　Letter to the Bishop of Norwich, urging him to prevail on Hamo de Gatele to return to the papal curia with the gifts of money which have been collected for the Pope, Cardinals, and officials, and to prosecute the business which he had undertaken.]

UT NORTHWYC' MAGISTRUM H. DE G. CLERICUM SUUM INDUCAT AD FACIENDUM EXENNIUM IN CURIA ROMANA.—Robertus permissione divina et cetera venerabili fratri domino R. dei gracia Norwycensi episcopo salutem et cetera. Licet reditum magistri Hamonis de Gatele clerici vestri pro expedicione arduorum quorun-

dam negociorum prelatorum et cleri nostre Cantuariensis provincie
in sacrosancta Romana curia promovendorum, quorum procura-
cionem ad requisicionem dictorum prelatorum ipsum ad hoc tanquam vigilem et circumspectum specialiter eligencium in se denuo
gratanter suscepit, ad eandem transmissi Curiam una cum magistro
Anselmo de Estria clerico nostro ob id similiter destinato non
multum gesserimus tunc moleste, pro eo quod ea quibus medianti-
bus negociorum hujusmodi expedicio sperabatur hactenus
[Fo. 257.] prompta | non fuerant nec parata, quia tamen jam para-
vimus exennium communi estimacione et deliberato consensu dictorum prelatorum et cleri competens et honestum pro expedicione premissorum summo pontifici suisque cardinalibus et
aliis quibusdam officialibus et ministris Curie presentandum, quod
jam per extraneum aliquem per nos inconsulte et singulariter eciam
non sine maxima difficultate providendum non poterit ita commode
nec honeste sicut per dictum clericum vestrum, qui tam in presencia
pape quam cardinalium et aliorum plurimorum de ipsa Curia hujusmodi negocia proposuit et promovit, ad nostre similiter et suffraganeorum nostrorum faciliter imputande exclusionem simplicitatis
nimie aliqualiter presentari ; presertim cum rumor jam apud nos
invaluerit quod predictus magister Anselmus sibi in hiis associatus
jam ad partes istas redierit ignarus forsan tam propinqui remedii
primitus desperati, vel sit in redeundo a curia memorata, fraternitatem vestram requirimus et intimo affectu rogamus quatinus pro
honore et communi utilitate nostra et vestra ac pretactorum suffraganeorum et cleri nostre provincie zelantes, predictum vestrum
clericum, ab inicio per vos ad nostri instanciam nostris desideriis in
suscepcione negociorum hujusmodi inclinatum, omnibus modis et
viis quibus poteritis inducere velitis, ut laboriose et utiliter per ipsum
in prefata Curia inchoata non absque spe magni honoris ex noticia
favore et benivolencia tantorum patrum universalem ecclesiam
regencium prelatorumque et cleri prescriptorum verisimiliter con-
sequendi velit[1] cum placabili et expectato stimulo servicii preparati
ut feliciter expediantur ad votum corditer procurare, et ea occasione
iterum ad Curiam personaliter accedere prenotatam, et ad nos ob id
quam cicius accedere pro sua informacione a nobis super hiis plenius
attendenda. Valete semper in Christo. Datum apud Maghefeld'
iiij° id. Januarii anno domini et cetera, consecracionis nostre
quinto.

---

[1] MS. velitis ; the words velitis cum are written over an erasure.

[*January 10th, 1299. Letter to Hamo de Gatele urging him to return to the Curia with the gifts for the Pope, Cardinals and officials, and to prosecute the business which he had undertaken.*]

MAGISTRO H. DE GATELEY UT REVERTATUR AD CURIAM ROMANAM PRO EXENNIO FACIENDO SUMMO PONTIFICI ET CARDINALIBUS, QUI NON PARUIT HUIC MANDATO.—Robertus et cetera dilecto filio magistro Hamoni de Gatele salutem et cetera. Reversionem vestram contra voluntatem nostram a Curia Romana, que tunc animo nostro propter varias conjecturas quas nimirum ex hoc sinistre concepimus aliqualem molestiam ingerebat propter carenciam competentis servicii domino pape et cardinalibus ac ceteris ipsius Curie officialibus et ministris impendendi sive quia assumpta negocia expedire forsitan non sperastis, equanimius sustinemus. Verumptamen quia jam competens exennium in hac parte faciendum secundum consensum prelatorum et cleri nostre Cantuariensis provincie super hiis postea requisitum et obtentum fecimus jam parari, quod non tam utiliter nec honeste per alium sicut per vos qui hujusmodi negocia cepistis prosequi in Curia predicta, ipsa tam in presencia summi pontificis quam aliorum a quibus eorum expedicio sperabatur proponendo et diligenter procurando, posse intelligimus presentari; vobis mandamus affectuose rogantes quatinus cum isto exennio ad predictam Curiam revertentes quod tam commode et sollicite pro nobis nostrisque suffraganeis et eorum cleris spontanee inchoastis, ipso mediante, ad felicem effectum et finem optatum deduci animosius procuretis, ne nimis voluntarie ipsa negocia a vobis prius suscepta deseri videantur laborque vester non modicus in promocionis hujusmodi inicio impensus per finalem effectum ab alio consequendum illi quod nollemus totaliter ascribatur, sed ut tantorum patrum universalem ecclesiam regentium vestra excitacione placabili sicut firmiter credimus in hac parte et specialiori noticia et majori benivolencia contracta pociores honores quibus tantum exennium per quod quasi toti Curie generaliter deservitur presentantes attolli prius visum est, nostrumque et omnium suffraganeorum nostrorum ac cleri pretactorum non minimum favorem verisimiliter consequamini ut speratur. Pro vestra igitur informacione pleniori in premissis, ad nos festinis gressibus properetis. Valete. Datum apud Maghefeld' iiij id. Januarii et cetera.

[*January 10th, 1299. Mandate to the Treasurer of the New Temple, London, and to the rector of Lambeth, to pay out a total sum of £1833 6s. 8d. to three firms of Italian merchants.*]

RECEPTORIBUS DECIME PROVISE CONTRA SCOTOS QUOD CERTIS MERCATORIBUS INFRASCRIPTIS CERTAM QUANTITATEM

EXINDE LIBERENT.—Robertus et cetera dilectis filiis . . thesaurario Novi Templi Londonie et rectori ecclesie de Lameheth' receptoribus pecunie de decima bonorum ecclesiasticorum nostre Cantuariensis provincie ad defensionem regni et ecclesie contra Sco-
[Fo. 257ᵛ.] torum | incursus collecte salutem et cetera. Quia pro expedicione quorundam negociorum communium prelatorum et clerici nostre provincie Cantuariensis de communi eorum consensu pecuniam ad Curiam Romanam oportet transmittere festinanter, vobis mandamus quatinus de pecunia dicte decime quam recepistis infrascriptis mercatoribus de consilio et in presencia magistrorum Roberti de Ros cancellarii nostri et Ricardi de Morcestria clerici nostri familiaris vel alterius ipsorum ij milia marcarum et quingentas libras bonorum sterlingorum de moneta regis Anglie si tantum habeatis, alioquin de alia moneta Flandrensi usque ad supplementum tante quantitatis de bona pecunia ut premittitur nostro nomine liberetis, secundum divisionem subscriptam et dictorum clericorum nostrorum vel ipsorum alterius informacionem pleniorem, videlicet mercatoribus de Pistorio mille marcas, mercatoribus de societate Pullicum et Rembertinorum alias mille marcas et mercatoribus de Spina v̊ libras sterlingorum ejusdem ut pretangitur qualitatis ; litterasque patentes de recepto a singulis societatibus predictis de quantitate eis liberata, litteras similiter clausas suis sociis in Curia Romana existentibus mittendas pro solucione tante pecunie nunciis nostris ipsas litteras clausas deferentibus ibidem facienda, plene et fideliter nostro nomine de clericorum nostrorum predictorum consilio recipiatis cautela adhibita competenti. Valete. Datum apud Maghefeld' iiij⁰ id. Januarii anno domini et cetera consecracionis et cetera.

[*January 10th, 1299. Instruction to a firm of merchants at Florence to pay £66 13s. 4d. to Reginald of St. Albans, the Archbishop's proctor at the papal curia.*]

LITTERA ARCHIEPISCOPI AD MERCATORES FLORENCIE PRO LIBERANDA PECUNIAM PROCURATORI SUO IN CURIA ROMANA.— Robertus et cetera dilecto filio Abracio Gerardi et ceteris sociis suis mercatoribus de societate Pullicum et Rembertinorum de Florencia salutem et cetera. Quia nuper vobis rescripsimus quod centum marcas quas transmisimus magistro Waltero de Dounebrugg' quondam procuratori nostro in Curia Romana jam mortuo liberandas retinentes salvo custodiretis donec quid de hiis deberet fieri vobis scripserimus iterato, ac nos magistrum Reginaldum de sancto Albano latorem presencium nostrum fecerimus procuratorem in

Curia memorata ; vos requirimus et rogamus quatinus litteras vestras sociis vestris in eadem Curia mittendas pro dicta pecunia prefato magistro Reginaldo plenarie et fideliter liberanda eidem magistro Reginaldo tradatis ad eandem Curiam deferendas. Valete. Datum apud Maghefeld' iiij° id. Januarii anno domini M°. cc^{mo}. nonagesimo octavo consecracionis nostre quinto.

[*Undated.   Letter to the Bishop of Rochester requesting him to reconcile the prebendal church of Wingham, polluted by bloodshed.*]

DOMINO ROFFENSI PRO RECONCILIACIONE ECCLESIE DE WENGHAM. — Robertus permissione divina et cetera venerabili fratri domino . . dei gracia Roffensi episcopo salutem et fraternam in domino caritatem.   Ad reconciliandum in forma canonica ecclesiam prebendalem de Wengham nostre Cantuariensis diocesis violenta sanguinis effusione pollutam quatenus ecclesia ipsa reconciliacione indiget, vobis per presentes committimus vices nostras. In cujus et cetera.

[*January 22nd, 1299.   Mandate to the official of the Bishop of Chichester to cite certain persons who had interfered with the Archbishop's rights in his chace near South Malling, to appear before the Archbishop.*]

CITACIO IMPEDIENCIUM LIBERTATES ECCLESIE CANT' QUO AD CHACIAM ET VENACIONEM PROPE SUTHMALLYNG'.—Robertus permissione et cetera dilecto filio . . officiali Cycestrensi salutem et cetera.   Detestanda iniquorum perversitas qui libertatem ecclesiasticam ledere ac minuere tanquam honoris et privilegii ecclesiarum invidi moliuntur diligenti studio per presidentis officium penis debitis est plectenda, ut ecclesie in plenitudine juris sui et libertatis integritate letentur et infrunita malignorum audacia insolenciumque nepharia temeritas propulsetur.   Sane intelleximus quod Robertus le Raggede, Johannes le Hunter qui nunc est forestarius apud Werthe, Osbertus le furnere, Johannes Godefrey de Kymere, Willelmus Bynhamme de Chaggeleye, Rogerus messor de Cleyton', Johannes Pypilling de Cokefeld, Theobaldus ate Re de Erdingeleye, Johannes Cudele de Dychening', Johannes Budde de eadem, Radulphus Maister qui stat cum Petro de Dene, Godwynus de Bokesholte, Johannes ate Croft et Johannes filius ejus, malignitatis filii et degeneres chaciam nostram prope Suthmallyng' et venacionem, que chacia Anglice Stanmeresfreth' nuncupatur, quam nos et predecessores nostri nomine ecclesie nostre excercere libere et habere consuevimus ab antiquo, quibusdam malicie adinvencioni-

bus temerariis ausibus nuper impediverunt tam notorie per sceleris
in publico patrati evidenciam quod inficiacioni non est
[Fo. 258.] locus | libertatem nostram et ecclesie nostre Cantuariensis
sic nequiter perturbando, nonnullis quorum nomina igno-
rantur ipsis ad hoc auctoritatem prestantibus consensum auxilium
et favorem, propter que majoris excommunicacionis sentenciam per
quam traduntur Sathane omnes prenotati ipsorumque auctores in
hujusmodi et fauctores dampnabiliter incurrerunt. Nolentes itaque tanti facinoris commissum evidens pretermittere conniventibus
oculis inpunitum ne malignis presumptoribus transire valeat in
exemplum, vobis sub pena districcionis canonice firmiter injungendo
mandamus quatinus dictos Robertum et Johannem ac ceteros omnes
malefactores prenominatos citetis peremptorie seu citari faciatis
quod compareant coram nobis proximo die juridico post festum
sancti Petri in Cathedra ubicumque tunc et cetera, precise et peremptorie proposituri et ostensuri quare in hujusmodi excommunicacionis sentenciam specialiter incidisse nequaquam publice et
solempniter denunciari debeant nominatim, nobisque ex officio
nostro responsuri et si necesse fuerit personaliter juraturi facturique ulterius et recepturi quod erit justum. Ipsorum insuper in
premissis auctores complices et fauctores in singulis ecclesiis muni-
cipii Lewensis et aliis vicinis in quibus magis expedire videritis pro
correccione premissorum diebus dominicis et aliis festivis intra missarum sollempnia coram clero et populo candelis accensis, pulsatis
campanis, denuncietis in genere publice et solempniter seu denunciari faciatis eadem excommunicacionis sentencia periculosius involutos. De nominibus eorum diligenter per vos et per alios
inquirentes et quos culpabiles inveneritis in hac parte, citetis eosdem
peremptorie quod compareant coram nobis dictis die et loco,
similiter proposituri et ostensuri quare specialiter et nominatim excommunicati minime debeant nunciari ac ex officio responsuri et personaliter juraturi facturique ulterius quod justicia suadebit. De die
vero recepcionis presencium et quid feceritis in premissis nos dictis
die et loco distincte et aperte certificetis per vestras patentes litteras
et cetera. Datum apud Maghefeld' xi^{mo} kal. Februarii anno domini
M^o. cc^{mo}. nonagesimo octavo consecracionis nostre quinto.

[*January 30th, 1299. Mandate to the dean of Shoreham to cite Peter Blanci,
the absentee rector of Wrotham, to reside at Wrotham.*]

CITACIO RECTORIS DE WROTHAM NON RESIDENTIS.—Robertus
permissione et cetera decano de Schorham salutem. Cum Petrus
Blanci qui ecclesiam parochialem de Wrotham nostre jurisdiccionis

tanquam rector per non modica tempora detinuit et adhuc detinet occupatam, residenciam in ipsa prout ejusdem cura requirit hactenus non fecerit corporalem, sed dudum ad eam declinans et aliquantulum ibidem moram trahens, postea ad partes remotas se transferens a predicta ecclesia quasi curam ejus deserens sine licencia nostra nimis voluntarie recessisset, tibi mandamus firmiter injungentes quatinus prefatum Petrum in dicta ecclesia de Wrotham trinis edictis per competencia intervalla cites moneas ac publice et solempniter denuncies quod ad dictam ecclesiam suam redeat, facturus in ea residenciam ut tenetur. Et quid feceris in premissis nos citra festum sancti Gregorii pape distincte et aperte certifices per tuas patentes litteras harum et cetera. Datum apud Otteford iij⁰ kal. Februarii anno domini M⁰. cc^mo. nonagesimo octavo consecracionis nostre quinto.

[*January 29th, 1299. Mandate to the sheriffs of London to release Juliana, widow of Henry Box, who had been imprisoned when under sentence of excommunication and was now reconciled to the Church.*]

LITTERA ARCHIEPISCOPI PRO LIBERACIONE EXCOMMUNICATI IN SUO CASU.—Robertus permissione et cetera dilectis filiis vicecomitibus Londonie salutem et cetera. Quia sufficiens caucio nobis est exposita pro Juliana relicta quondam Henrici Box civis Londonie excommunicata et tanquam ecclesie claves contempnente capta et incarcerata ad denunciacionem nostram per regiam potestatem et in vestra custodia carcerali detenta, vobis mandamus quatinus eandem Julianam sic ad sancte matris ecclesie gremium redire volentem ab hujusmodi custodia liberetis. Valete. Datum apud Otteford' iiij⁰ kal. Februarii anno domini et cetera consecracionis nostre quinto.

[*February 3rd, 1299. Letter to Henry de Lacy, Earl of Lincoln, regretting that the Archbishop had been unable to visit him at Orpington, and hoping to see him soon.*]

EXCUSACIO ERGA COMITEM LINC' AD JOCUNDANDUM INVITATUM.—Robertus permissione et cetera dilecto filio in Christo et amico specialissimo ac nobili viro domino H. de Lacy comite Lincolnie salutem graciam et benediccionem cum sincere dileccionis amplexu. Cum nuper ordinassemus in proximo adventu nostro ad manerium nostrum de Otteford vestri contemplacione ad manerium de Orpington' declinasse, quod a Londonia per octo vel novem miliaria distare dinoscitur, vel ad alium locum Lon-
[Fo. 258ᵛ.] donie propinquiorem ut vestram faciem | vidissemus et aliquos dies in solacio simul deduxissemus jocundos, sicut domino Roberto de Schirlonde militi vestro plenius intimavimus oraculo nostre vocis, tamen superveniente impedimento mandati

regii quod vos credimus non latere ab[1] hujusmodi votivo nostro
proposito sumus non absque tedio revocati, et versus Cantuariam
properavimus ubi nos oportebit per aliqua tempora commorari,
affectantes quamcicius poterimus cum vestra presencia jocundari et
preoptatos affatus vobiscum cum leticia pertractare, propter quod
placeat vobis ab ipso dicto nostro prefato domino Roberto expresso nos habere ad presens favorabiliter excusatos. Si quid
autem erga nos volueritis nobis ad honores vestros et beneplacita
paratos fiducialiter intimetis. Valete. Datum apud Chertham iij
non. Februarii sub sigillo nostro privato.

———

[*February 9th, 1299. Mandate to the official of the Bishop of Chichester, at the
request of John de Warenne, Earl of Surrey, not to proceed against the
persons who had interfered with the Archbishop's rights in his chace near
South Malling.*]

QUOD SUPERSEDEATUR EXECUCIONI MANDATI AD ROGATUM
COMITIS WARENN'. — Robertus permissione et cetera officiali
Cycestrensis salutem. Quia nobilis vir dominus Comes Warenn'
nos rogavit quod execucionibus faciendis contra Robertum Raggede,
Johannem le Hunte qui nunc est forestarius apud Werthe et cetera
ut prius, et eorum complices ac fautores racione impedimenti chacie
nostre prope Suthmallyng', pendente[2] inter nos tractatu pacis super
eodem negocio, supersederemus benigne, vobis mandamus quatinus
mandato nostro exequendo quod nuper vobis super hiis direximus
contra prenominatos, supersedeatis omnino quousque aliud a nobis
super hoc receperitis in mandatis. Valete. Datum apud Chartham
v° id. Februarii consecracionis et cetera.

———

[*February 10th, 1299. Notification to the Bishop of Rochester that the Archbishop intends to hold a visitation in the diocese, commanding him to make it
known to the clergy and people forthwith.*]

PREMUNICIO DOMINI ROFFENSIS EPISCOPI SUPER VISITACIONE
FACIENDA IN SUA DYOCESI.—Robertus permissione et cetera venerabili fratri T. dei gracia Roffensi episcopo salutem et cetera. Fraternitati vestre tenore presencium innotescat quod nos personam vestram
et ecclesiam vestram Roffensem et ejus capitulum vestreque civitatis
et diocesis clerum et populum favente domino intendimus visitare,
quod eis curetis patefacere sine mora ut premuniti se preparent
visitacionem nostram secundum sancciones canonicas admissuri.
Denunciari eciam faciatis ecclesias seu porciones ecclesiarum appro-
priatas habentibus, in alienisve ecclesiis aut parochiis pensiones vel
decimas parciales percipientibus, ac universis rectoribis vestre dio-

———

[1] MS. ad.		[2] MS. pendentis.

cesis plura beneficia curam animarum habencia ibi vel alibi tenentibus, illis eciam qui post ultimum Lugdunense concilium in ecclesiis
parochialibus instituti se non procurarunt infra annum a tempore
commisse sibi cure in presbiteros ordinari, quod jus speciale vel
canonicum si quod habeant super appropriacione percepcione
pluralitate et non ordinacione hujusmodi cum per ipsos transitum
fecerimus visitacionis nostre officium exercendo sub pena juris
peremptorie nobis exhibeant detegant et ostendant.   Ad cathe-
dralem autem ecclesiam vestram supradictam die Lune proxima post
festum sancti Mathie apostoli proximo venturum proponimus personaliter declinare et visitacionem nostram circa personam vestram
quam tunc ibidem adesse volumus deo volente et impedimentis
cessantibus legitimis inchoare, extunc ad ipsius loci priorem et
capitulum ac alia loca vestre diocesis prout oportunitas dederit
processuri.   De die vero recepcionis presencium et qualiter premissa fueritis executi nobis dictis die et loco vestris patentibus
litteris harum seriem continentibus plenius intimetis.   Datum apud
Chartham iiij° id. Februarii anno domino M°. cc^{mo}. nonagesimo
octavo consecracionis nostre quinto.

[*May 8th, 1298.   Judgment of the Archbishop in the dispute between the canons
of the collegiate church of Wingham and the prior and canons of St.
Gregory's, Canterbury, about tithes in the parish of Wingham.*]

SENTENCIA LATA IN POSSESSORIO INTER CANONICOS DE
WENGHAM ET CANONICOS SANCTI GREGORII CANT'.—In nomine
domini amen.   Cum jam dudum canonici ecclesie prebendalis seu
collegiate de Wengham ex parte una et prior ac canonici ecclesie
conventualis sancti Gregorii Cantuarie ex altera super possessione
quarundam decimarum quas prefati religiosi sancti Gregorii infra
parochiam dicte ecclesie de Wengham se dicebant diucius per-
cepisse et in earum possessione fuisse et esse, de quibus gravis dissensionis materia fuit inter partes predictas exorta in tantum quod
homicidia et alia varia pericula eo pretextu timebantur inferri,
nobis Roberto dei gracia Cantuariensi archiepiscopo tocius Anglie
primati nostreque jurisdiccioni ordinarie submisissent, et consen-
sissent quod decime hujusmodi per nos sequestrarentur et salvo
conservarentur, donec per inquisicionem ex officio nostro de plano
sine solempnitate ordinis judiciarii faciendam evidencius
[Fo. 259.] constiterit que | partium predictarum fuerit in possessione
percipiendi decimas memoratas, et quod super possessione
hujusmodi provideremus ecclesie quieti utriusque.   Nosque zelantes
pro statu ipsarum ecclesiarum et pro quiete dictarum partium ne ad

arma et rixas procederent cum per jurisdiccionem nostram compesci valerent, de consensu earundem partium per viros fidedignos locis a quibus hujusmodi decime proveniunt viciniores, vocatis legittime evocandis, super premissis de plano ex officio inquisiverimus plenius veritatem, publicataque inquisicione hujusmodi quosdam testes generaliter et obscure deponentes in eadem repetiverimus, et ad magis declarandum dicta sua fecerimus iterato interrogari eosdem ad majorem informacionem nostram, et ipsam declaracionem similiter publicaverimus copiaque earundem partibus decreta et obtenta terminum eisdem prefixerimus ad audiendum pronunciacionem nostram in negocio memorato.   Quia nos Robertus dei gracia archiepiscopus prenotatus rimatis et examinatis diligenter inquisicione et repeticione seu declaracione pretactis, invenimus legittime probatum quod . . prior et conventus sancte Gregorii prenominati fuerunt in possessione percipiendi usque ad tempus sequestri nostri predicti omnes decimas majores et feni provenientes de xxxij acris terre in marisco de Hocsende, de xxij acris et dimid. in Scholonde de vij acris et dimid. in Peynturesdowne, de mariscis de novo in agriculturam redactis quorum numerus acrarum ignoratur; de omnibus terris de la Poundfold que sunt de tenura de Golstaneston', et de omnibus terris aliorum tenencium ibidem, et de omnibus terris domini Roberti le Botiler tam mariscorum quam aliarum terrarum, item de terris tenencium suorum, item de omnibus terris dominicis de Gosehale tam mariscorum quam aliarum terrarum; et de terris tenencium de Gosehale infra parochiam ecclesie de Wengham existentibus.   Et quod rectores ecclesie de Wengham qui pro tempore fuerant et canonici nunc ejusdem ecclesie pro tempore suo racione capelle de Essch' a prefata ecclesia de Wengham dependentis similiter fuerunt in possessione percipiendi decimas majores provenientes de xxxviij acris terre et dimid. super Nortdowne, et de xx acris in Hauelingg' de tenura de Golstaneston', et de v acris ante portam de ulmis, et de iiij^{or} acris juxta molendinum de Golstaneston; item de vij acris juxta Fisshpole; item de ij acris sub gardino curie; item et de omnibus terris apud Garbregg' Cotmanton' Oxethogh' Gunnildesdowne et Wytefold' necnon et minutas decimas provenientes de locis in Golstaneston' et in Gosehale, preter fenum in cujus possessione religiosi predicti sancti Gregorii hactenus ut de decimis dictum est extiterunt, invenerimusque religiosos sancti Gregorii una garba decime hujusmodi quam possederint per Johannem de Lewes canonicum de Wengham fuisse spoliatos.   Volentes utramque ecclesiam super possessione hujusmodi decimarum conservare illesam et dissensionis ac discordie materiam circa possessionem hujusmodi pro viribus ut astringimur propulsare, decernimus dictis religiosis sancti Gregorii prefatam garbam ejusve estimacionem fore per dictum J. de Lewes restituendum. Et ne prefati canonici de Wengham nomine ipsius ecclesie seu capelle de Essch' dependentis ab eadem dictos religiosos sancti Gregorii aut iidem religiosi nomine ecclesie sue dictos canonicos de Wengham super possessione percipiendi dictas decimas de locis predictis provenientes secundum distinccionem et probaciones premissas impediant, prohibendos et cohibendos fore decernimus et ipsis utrique parti ipsorum in hiis scriptis sentencialiter prohibemus. Sequestrum in decimis predictis sic de consensu partium auctoritate nostra interpositum decernimus fore ex nunc eciam relaxandum, et decimas sub sequestro eodem detentas parti que eas prius possederat scilicet dictis canonicis sancti Gregorii similiter restituendas fore integraliter decernimus sine diminucione quacumque. Actum et datum apud Maydestan viij id. Maii anno domini Mᵒ. ccᵐᵒ. nonagesimo octavo consecracionis nostre quarto.

[*Record of legal proceedings in 1293 in the case of John de Warenne, Earl of Surrey, and David de Graunt, keeper of the temporalities of Canterbury during the vacancy of the see, with regard to rights of fishing and hunting in the archbishop's chace near South Malling.*]

[Fo. 259ᵛ.]

PROCESSUS HABITUS IN CURIA REGIS INTER COMITEM WARENN' ET DAVID DE GRANT CUSTODEM ARCHIEPISCOPATUS CANT' SEDE VACANTE SUPER PISCACIONE ET CHACIA PROPE SUTHMALLING' AD ARCHIEPISCOPUM PERTINENTIBUS.—Dominus rex mandavit breve suum in hec verba. Edwardus dei gracia rex Anglie dominus Hibernie et dux Aquitanie dilectis et fidelibus suis Johanni de Berewyk' et Radulpho de Sandwyco salutem. Sciatis quod assignavimus vos ad inquirendum per sacramentum tam militum quam aliorum proborum et legalium hominum de comitatu Sussex'[1] per quos rei veritas melius sciri poterit qui malefactores et pacis nostri perturbatores ad riperiam de Suthmallingg' in quam nos racione archiepiscopatus Cant' vacantis et in manu nostra existentis per tres dies singulis septimanis piscari debemus, accedentes[2] homines nostros ad piscandum ibidem in forma predicta per nos deputatos quo minus sic piscari possent impediverunt, et retia nostra eis vi et armis abstulerunt et asportaverunt et adhuc detinent. Et insuper

---

[1] In margin: Sussex'.

[2] In margin, in a later hand: De piscacione et chacea prope Suthmalling'.

in chacia predicti archiepiscopatus in Lyndefeld' fugaverunt et feras
ceperunt et asportaverunt, et in homines nostros cum leporariis
nomine nostro ibidem accedentes insultum fecerunt et malo tractaverunt et leporarios [1] illos eis abstulerunt et adhuc detinent, non
permittentes se in hujusmodi transgressione facienda compertos
justiciari secundum legem et consuetudinem regni nostri in nostri
contemptum et lesionem libertatis predicti archiepiscopatus, quam
dum in manu et in custodia nostra existit illesam conservare tenemur, ac contra pacem nostram. Et ideo vobis mandamus quod ad
certos diem et locum quos ad hoc provideritis inquisicionem illam
faciatis, et omnes illos quos per inquisicionem illam culpabiles inde
inveneritis arestari, et constabulario turris nostre Londonie liberari
faciatis; ita quod idem constabularius in prisona nostra ejusdem
turris eos salvo custodiat, donec aliud super hoc specialiter a nobis
habuerit in mandatis. Mandamus enim eidem constabulario quod
hujusmodi malefactores a vobis recipiat et eos in prisona nostra
predicta salvo et secure custodiat in forma predicta. Mandamus
eciam vicecomiti nostro comitatus predicti quod ad certos diem et
locum, quos ei scire facietis, venire faciat coram vobis tot et tales
tam milites quam alios liberos et legales homines de balliva sua per
quos rei veritas in premissis melius sciri poterit et inquiri. In
cujus rei testimonium has litteras nostras fieri fecimus patentes.
Teste me ipso apud Wyntoniam xvj die Augusti anno regni
nostri xxj°.[2] Mandavit eciam dominus rex breve suum in hec verba.
E. dei gracia et cetera vicecomiti Sussex' salutem. Scias quod
assignavimus dilectos et fideles nostros Johannem de Berewyk' et
Radulphum de Sandwyco ad inquirendum per sacramentum tam
militum quam aliorum proborum et legalium hominum de comitatu
predicto per quos rei veritas melius sciri poterit, qui malefactores et
pacis nostre perturbatores ad riperiam de Suthmalling' in qua nos
racione archiepiscopatus Cantuariensis vacantis et in manu nostra
existentis per tres dies singulis septimanis piscari debemus accedentes homines nostros ad piscandum ibidem in forma predicta per
nos deputatos quo minus sic piscari possent impediverunt, et retia
nostra eis vi et armis abstulerunt et asportaverunt et adhuc detinent,
et insuper in chacia archiepiscopatus predicti de Lyndefeld' fugaverunt et feras ceperunt et asportaverunt et in homines nostros
cum leporariis nostris nomine nostro ibidem accedentes insultum
fecerunt et male tractaverunt et leporarios illos eis abstulerunt et
adhuc detinent, non permittentes se in hujusmodi transgressione

---

[1] MS. lepores.   [2] Cf. Cal. of Letters Patent 1292–1301, p. 48.

facienda compertos justiciari secundum legem et consuetudinem regni nostri, in nostre contemptum et lesionem libertatis predicti archiepiscopatus quam dum in manu et in custodia nostra existat illesam conservare tenemur, ac contra pacem nostram. Et ideo tibi precipimus quod ad certos diem et locum quos iidem Johannes et Radulphus tibi scire facient venire facias coram eis tot et tales tum liberos et legales homines de balliva tua per quos rei veritas in premissis melius sciri poterit et inquiri. Et habeas ibi hoc breve. Teste me ipso apud Wyntoniam xvj die Augusti anno regni nostri xxj°.

Mandavit insuper dominus rex litteram suam in hec verba. Edward par la grace de dieu Roi Dengleterre Seigneur Dirland e Duk' de Guyene au viscomte de Sussex' saluz. Nous [Fo. 260] | vous comandoms qe hastivement facez deliverer al Counte de Garenne totes ses terres qe sont en nostre mayn en vostre baillie ove touz les chateus e ove totes les issues en sa meynprise demeyne issi totes veies qe il nous respoigne a nostre procheyn parlement de ceo que nous voudroms dire devers lui de aucunes choses qe ses genz unt fet a nos gardeins del Ercevesche de Canterbire. Et porceo qe nous avoms mande le Counte qe il viegne a nous hastivement, vous maundoms qe par ses lettres overtes de meynprise lui facez ceo qe est avandit en la manere qe vous feriez si il meymes parlast ou vous. Donee desouz nostre prive seal a Corf le xiij jour de Semptembre lan de nostre regne xxj.

Misit eciam vicecomiti Sussex' hec quandam litteram in hec verba. Johan Conte de Garenne a son chier amy mon sire Robert de Glamorgan visconte de Sussex' saluz. Por ceo que le Roi vous maunde qe vous nous liverez nos terres et nos chateus e nos issues de Sussex' prises en la meyn le Roi par la meynprise de nous meymes e vous fesoms asavoir qe nous la meynpernoms selom la tenure de la lettre nostre seigneur le Roi par ceste nostre lettre patente la quele nous vous enveoms. Donee a Reygate le mardi procheyn apres la Nativite nostre dame en lan nostre seigneur le Roi Edward xxi.

Misit insuper constabulario turris Londonie quoddam breve regium in hec verba. E. dei gracia et cetera dilecto et fideli suo Radulpho de Sandwyco constabulario suo turris Londonie salutem. Mandamus vobis quod si Willelmus de Saunford, Adam le Fraunk' Johannes de Welde, Willelmus de Londonia, Johannes de Lewes, Walterus Amund, Willelmus de Westuppe', Alexander ate Hese, Alexander de Hundesle et alii capti et detenti in prisona nostra

turris predicte pro transgressione quam ipsos fecisse dicitur hominibus nostris apud Suhtmalling' et Lyndefeld', unde coram dilecto et
fidelo nostro Johanne de Berewyk' et vobis nuper indictati fuerunt,
invenerunt vobis bonam et sufficientem manucapcionem quod erunt
coram nobis in parliamento nostro apud Westmonasterium in crastino
Animarum ad standum inde recto, tunc ipsos Willelmum de Saunford et alios qui in prisona predicta ea occasione et non alia detinentur sine dilacione deliberari faciatis per manucapcionem predictam.   Et habeatis ibi tunc nomina manucaptorum illorum et hoc
breve.   Teste me ipso apud Wodestok' xj die Octobris anno regni
nostri xxj°.   Et Johannes de Berewyk' misit hic inquisicionem in
hec verba.   Inquisicio facta apud Suhtmalling' manu Johannis de
Berewyk' et Radulpho de Sandwyco die martis proxima post festum
decollationis sancti Johannis Baptiste anno regni regis Edwardi
xxj° per breve domini regis de malefactoribus et pacis nostre per-
turbatoribus qui ad riperiam de Suhtmalling', in qua dominus rex
racione archiepiscopatus Cantuariensis vacantis per tres dies singulis septimanis piscari debet, accedentes, homines domini regis ad
piscandum ibidem in forma predicta per dominum regem deputatos
quominus sic piscari possent impediverunt, et retia domini regis eis
vi et armis abstulerunt et asportaverunt et adhuc detinent, et eciam
qui malefactores in chacia predicti archiepiscopatus fugarunt et
feras ceperunt et asportaverunt, et in homines domini regis cum
leporariis nomine suo ibidem accedentes insultum fecerunt et male
tractaverunt, et leporarios illos eis abstulerunt et adhuc detinent, non
permittentes se in hujusmodi transgressione facta compertos justiciari secundum legem et consuetudinem regni in contemptum
domini regis et lesionem predicti archiepiscopatus, quam dum in
manu et in custodia regis est illesam conservare tenetur, et contra
pacem domini regis per sacramentum Rogeri de Covert, Johannes
de Polingesande, Roberti de Bucy, Roberti de Passeleghe, Johannis
de Bergham, Radulphi de Hangelton', Johannis de Sunting', Willelmi
de Wakestede, Ricardi le mareschal, Petri Snelling, Roberti de B
    devile et Valentini ate Berne.   Qui dicunt quod Hugo le
[Fo. 260ᵛ.] Waterman de Lewes, Nicholaus Knotte | de eadem, Jo-
    hannes de Wax Wring' de eadem, Robertus Brun de
eadem et Godefridus de Pynewelle de eadem impediverunt homines
domini regis quo minus piscari poterunt in riperiis de Suhtmalling'
per tres dies in septimana, et die veneris proxima ante festum
Ascencionis domini anno xxj° retia domini regis in custodia
Stephani piscatoris existencia ibidem nomine domini regis piscantis
ceperunt et ea ad castrum de Lewes asportaverunt.   Requisiti de

cujus precepto hoc fecerunt, dicunt quod per preceptum et missionem Johannis de Croff' constabularii de Lewis qui eadem retia
in custodia sua adhuc detinet. Dicunt eciam quod in chacia archiepiscopatus Cantuariensis de Lyndefeld', postquam predicta chacia
in manu domini regis devenit, nullus ibidem feras cepit, sed dicunt
quod David le Graunt unus custodum archiepiscopatus Cantuariensis die mercurii proxima ante festum Assumpcionis beate Marie
anno predicto venit ad predictam chaciam et in ea nomine domini
regis fugare voluit et feras capere, et cum permisisset duos leporarios
suos ibidem currere, venerunt quidam forestarii comitis Warrennie
ignoti et eosdem leporarios metas predicte chacie transeuntes
ceperunt et eosdem secum adduxerunt. Et cum predictus David
in predicta chacia magis voluisset fugasse et venacionem ad opus
domini regis cepisse in eadem, venerunt Willelmus de Saunford',
Adam le Fraunk, cum equis et armis et alii subscripti cum arcubus
et sagittis, videlicet Willelmus de Londonia, Reginaldus de la
Herst, Osbertus le Furnere, Theobaldus atte Ee,[1] Johannes Storm,
Willelmus Copart, Ricardus de Cattestr', Johannes ate Welde,
Simon atte Hese, Reginaldus de Odestr, Philippus ate Lee,
Walterus Aylard, Willelmus ate Hese, Johannes ate Hese, Johannes
Gunnotesone junior et Walterus de Gatlond, et predictum David
et homines suos ibidem cum eo fugantes verbis contumeliosis
insultaverunt et quinque leporarios in lecia ductos in medio illius
chacie et in feudo archiepiscopatus vi et armis ceperunt et abduxe-
runt usque ad castrum de Lewes et eosdem leporarios adhuc
detinent. Quesiti de cujus precepto hoc fecerunt, dicunt quod per
preceptum et missionem Johannis de Warrenna comitis Surreye ut
credunt. Et dicunt quod cum predictus David vidisset tantam
violenciam in contemptu domini regis predictos Willelmum, Adam
et alios verbotenus arestavit, et ipsi in preceptis suis in nullo parere
volentes recesserunt, non permittentes se per ipsum justiciari. In
cujus rei testimonium predicti juratores predicte inquisicioni sigilla
sua apposuerunt. Et modo venit Johannes de Warrenna comites
Surreye per adjornamentum de consilio ei factum apud Estrie ubi
habuit diem per manucapcionem suam propriam prout patet per
litteram suam patentem, et similiter Willelmus de Saunford, Adam
le Fraunker, Willelmus de Londonia, Reginaldus de la Hurste,
Osbertus le Furner', Theobaldus ate See vel atte Re,[2] Johannes
Storm, Willelmus Coppard, Ricardus de Cattestr' vel Castesty,
Johannes ate Welde, Simon ate Lese, Walterus Wrau, Reginaldus de

---

[1] *Sic* MS. ; see below.   [2] *Sic* MS.

Oudestr', Philippus atte Lee, Walterus Aylard, Willelmus ate Hese, Johannes ate Hese, Johannes Gunnotesone junior, et Walterus de Gatlonde qui indictati sunt de chacia, et similiter Hugo ate Water qui indictatus est de piscaria. Et isti replegiati fuerunt extra turrim Londonie usque ad crastinum animarum. Et deinde adjornati fuerunt per eandem manucapcionem usque ad hunc diem coram rege prout Gilbertus de Roubery recordatur. Et similiter quidam Johannes de Cressy constabularius de Lewes venit; et David le Graunt qui sequitur pro rege queritur de Willelmo de Saunford' et aliis indictatis de chacia, quod ipsi ex precepto Johannis de Warenna comitis Surreye vi et armis et contra pacem die mercurii proxima ante festum Assumpcionis beate Marie anno regis nostri xxj° impediverunt predictum David, ita quod nomine regis non potuit chaciare in chacia archiepiscopatus Cantuariensis de Lyndefeld' in manu domini regis existentis racione vacacionis ipsius archiepisco-
patus, nec feras ibidem capere, capiendo duos leporarios [Fo. 261.] extra lessam et quinque in lessa et ipsos adhuc retinendo |
et ipsum impediendo ita quod non potuit ibidem chaciare, sicut ipse dominus rex chaciare debet tempore vacacionis, et archiepiscopi Cantuarienses chaciare debuerunt et consueverunt, ad dampnum et in contemptum domini regis xx mille librat'. Idem David queritur pro domino rege de Johanne de Warenna comite Surreye Johanne Cressy constabulario de Lewes et Hugone le Waterman de Lewes de eo quod idem Hugo per preceptum ipsorum Johannis et Johannis impedivit quemdam Stephanum piscatorem ex parte domini regis missum piscari in riperia de Suhtmalling' que est in manu domini regis racione vacacionis archiepiscopatus Cantuariensis in custodia sua existentis. Et unde predictus David dicit quod cum Johannes de Pecheham nuper archiepiscopus Cantuariensis et predecessores sui piscari debuerunt et consueverunt in predicta piscaria singulis septimanis per tres dies continuos vel alternis diebus quolibet tempore et piscem capere et asportare pro voluntate sua, ac idem David nomine domini regis die veneris proxima ante festum Ascensionis domini anno xxj° predictum Stephanum cum retibus ipsius regis [1] ad piscandum in eadem piscaria, idem Hugo per preceptum ipsorum comitis et Johannis impedivit predictum Stephanum quominus ibidem piscari potuit, sicut dominus rex et antecessores sui tempore vacacionis et similiter archiepiscopi tempore suo piscari debuerunt et consueverunt, retia sua capiendo et adhuc retinendo ad dampnum et contemptum

---

[1] The word 'misisset' is omitted in the MS.

ipsius regis xx mille librat' et hoc offert verificare pro ipso domino rege. Et predicti comes et alii veniunt et defendunt vim et injuriam et contemptum regis et cetera, quando et cetera, et petunt auditum brevis originalis, et dictum est eis quod respondeant ad predictas querelas, ad quod petunt judicium si sine brevi originali inde domino regi inde debeant respondere. Et superdictum fuit eis quod dominus rex mandavit dilectis et fidelibus suis Johanni de Berewyco et Radulpho de Sandwyco quod ipsi inquirerent de hujusmodi transgressionibus et omnes illos quos culpabiles invenissent attachiarent. Et predicti Willelmus et alii inventi fuerunt culpabiles propter quod missi fuerunt apud turrim Londonie per preceptum regis. Et postea ad instanciam comitis manucapti fuerunt usque nunc. Et similiter quod predictus comes diem habet ad hanc diem per plevinam suam propriam. Et similiter quia predicta loquela missa est de consilio domini regis sine brevi, dictum est eis per judicium quod hujusmodi processus sufficit pro brevi et pro racionabili premunicione et cetera. Et dictum est eis quod respondeant ulterius si sibi viderint expedire. Et predicti Willelmus et alii calumpniant de chacia, et defendunt vim et injuriam contemptum et quicquid est contra pacem. Et dicunt quod revera predictus David venit infra bundas chacie predicti comitis domini sui, que quidem bunde eis per dominum suum assignate fuerunt custodiende, et non permiserunt predictum David ibidem chaciare, et quod ceperunt leporarios ibidem ductos sed non in lessia, sicut eis bene et non contra pacem neque vi et armis sive in contemptum regis. Et de hoc ponunt se super patriam et cetera.

Et predictus David dicit ut prius quod leporarii sui capti fuerunt in lessia et quidam similiter extra lessiam in chacia archiepiscopatus Cantuariensis de Lyndefeld', et quod ipse ibidem impeditus fuit ita quod ibidem chaciare non potuit, sicut dominus rex et antecessores sui tempore vacacionis archiepiscopatus et archiepiscopi tempore suo ibidem chaciare debuerunt et consueverunt, et hoc offert verificare pro domino rege. Et Willelmus et alii similiter dicunt quod non ceperunt predictos leporarios in chacia archiepiscopatus de Lyndefeld' et cetera. Et de hoc ponunt se super patriam et cetera. Et predicti comes Johannes Cressy et Hugo Waterman quo ad predictam piscariam defendunt vim et injuriam et cetera et contemptum quando et cetera. Et predictus Hugo dicit quod ipse nullam injuriam fecit. Dicit enim quod ipse est custos piscarie de Suhtmalling' per ipsum comitem. Et dicit quod ipse archiepiscopus tempore suo in piscaria piscari consuevit dum fuit apud

Malling' singulis septimanis per tres dies et cetera vel alternis
diebus pro voluntate sua piscem capiendo pro voluntate sua.   Et
quando alibi fuit non potuit nec consuevit ibidem piscari nisi per
attornatum suum et per litteram suam patentem qualibet die reno-
vatam.   Et quia predictus Stephanus accessit et piscari voluit aliter
         quam predictus archiepiscopus ibidem piscari debuit aut
[Fo. 261ᵛ.] consuevit, ipsum | impedivit, et retia sua cepit, sicut ei
         bene licuit et hoc juste et non contra pacem nec in con-
temptum regis.   Et de hoc ponit se super patriam.   Et predictus
comes et Johannes quo ad predictam piscariam petunt judicium si
de precepto debeant respondere antequam factum communicatur.
Et super hoc dictum est predicto comiti et hominibus suis quod
ipsi vadiant deliberacionem canum et retium secundum legem terre,
ita quod in finem placiti retornentur si retornum debeant. Et Ricardus
de Hedon predictam deliberacionem vadiavit et cetera.   Et super
hoc predictus comes dixit quod illi leporarii non fuerunt ipsius
David sed hominum de patria, et quod eorundem leporariorum et
non aliorum voluit habere retornum si contingeret et cetera.   Et
predictus comes postea requisitus si aliquid clamat in retorno predictorum leporariorum sive retornum [1], ad quod nichil respondit et
cetera.   Et predictus David dicit pro domino rege quod pendente
predicto placito ipse accessit ad predictum comitem petens deliberacionem predictorum canum et retium.   Et predictus comes mandavit ballivis suis per litteram suam quod ipsi deliberarent canes et
retia predicto David quam quidem litteram ballivis ipsius comitis
tradidit, unde precise dicit pro rege quod ipse comes predictus et
Johannes constabularius predictas transgressiones fecerant et similiter fieri fecerunt.   Et hoc offert verificare et cetera.   Et predictus
comes jungit se hominibus suis predictis in respondendo et se tenet
ad eandem responsionem pro se quam predicti homines pro eis
dederunt.   Et petit quod inquiratur et cetera.   Et Johannes similiter et cetera.   Et predictus David dicit quod videtur ei quod non
est necesse quod respondeat pro rege utrum archiepiscopus piscari
solebat per litteram suam quolibet die retornatam, nec quia dicit
quod ipse adeo bene habet custodiam predicte riperie nomine regis
sicut ipse comes, et ita habuerunt archiepiscopi tempore suo.   Et
dicit quod post mortem predicti archiepiscopi piscator regis scientibus ballivis ipsius comitis pacifice fere per dimidium annum piscatus
fuit et piscem asportavit pro voluntate sua, unde non licuit comiti
nec ballivis suis facere hujusmodi resistanciam nec devadiacionem.

---

[1] *Sic* MS.

Dicit insuper quod ipse David est custos archiepiscopatus ab omnibus notus ut minister regis, unde chaciavit in prefata chacia, et dicit quod ipse malefactores tanquam ballivus regis arrestavit et cetera; et ipsi se justificari non permiserunt ; licet voluisset chaciare nomine domini regis ubi chaciare non debuit sive piscari ubi piscari non debuit quod alicui non licuit facere resistenciam, immo debet unusquisque injuriam [1] ministrorum domini regis, si quam fecissent domino regi ostendere ut ipse dominus factum suorum emendet, a qua propria auctoritate ministris regis resistere et emendas capere ; unde quicquid contingat de veredicto patrie petit judicium de recognicione predicti comitis et suorum qui predictum impedimentum advocaverunt.   Dicit insuper predictus David quod dominus rex et antecessores sui tempore aliarum vacacionum piscari solebant sicut predictus piscator regis modo piscatus fuit per unam litteram custodis archiepiscopatus predicti sede vacante et cetera.   Et dictum est predicto comiti Hugoni le Waterman et Johanni Cressy constabulario si piscator regis piscatus fuit pacifice scientibus ballivis ipsius comitis per tantum tempus sicut ipse David asserit ita quod predicta seisina valeat si de jure valere debeat.   Et predicti comes et Hugo dicunt quod non.   Et de hoc ponunt se super patriam Et David similiter.   Et predictus Johannes constabularius dicit quod in nullo est culpabilis de hoc quod ei imponitur.   Et de hoc ponit se super patriam.   Et David similiter.   Ideo fiat jurata super articulis predictis versus omnes.   Et veniat jurata coram rege a die Pasche in xv dies ubicumque et cetera, salva domino regi allocacione secundum quod de jure fieri debet de recognicione predicti comitis et aliorum.   Idem dies datus est predicto comiti per manucapcionem suam propriam et Hugoni le Waterman, Willelmo [Fo. 262.] de Saunford, et aliis per manucapcionem Johannis | de la Lee de Essex', Jacobi de Wissingsete de comitatu Norfolk', Laurencii de Massingham de comitatu Sussexe, Johannis de Theford de comitatu Norf', Johannis Bret de comitatu Sussex', Petri Child de Willingham de comitatu Suffolk', Johannis du Boys de comitatu Suffolke', Vincencii de Herteford' de comitatu Essex', Johannis de Bruselaunce de eodem comitatu, Roberti filii Galfridi de Norfolk', Johannis Hardel de Londonia de comitatu Kancie, et Johannis de sancto Johanne de Folstede de comitatu Surreye, qui manuceperunt predictos Willelmum de Saunford et alios usque ad finem placiti habendi eos coram rege de die in diem et termino in terminum ad standum inde recto sub pena

---

[1] MS. injuriar'.

qua decet, videlicet quilibet eorum corpus pro corpore et cetera.
Et sciendum quod breve patens de justiciariis et breve vicecomiti
directum simul cum inquisicione remanent penes predictum David.
Ad quem diem venerunt partes et similiter jurati de consensu
partium electi, qui dicunt super sacramentum suum quo ad predictam chaciam quod predictus David impeditus fuit chaciare
nomine regis in chacia pertinente ad predictum archiepiscopatum
in manu domini regis existentem, et quod quinque leporarii in
lessia capti fuerunt in chacia predicta, et quod duo leporarii qui
fuerunt extra lessiam capti fuerunt in chacia et warenna ipsius
comitis. Requisiti si predicti duo leporarii discupulate fuerunt
in chacia ipsius comitis sive in chacia predicti archiepiscopatus,
dicunt quod hoc penitus ignorant. Requisiti in quo loco predicta perturbacio facta fuit, dicunt quod ignorant sed bene dicunt
ut prius quod predicta perturbacio facta fuit in chacia ad predictum archiepiscopatum pertinente. Et quo ad predictam piscariam dicunt quod archiepiscopus ibidem solebat piscare in
predicta aqua per tres dies in septimana cum littera ipsius archiepiscopi, et quod piscator domini regis impeditus fuit ibidem piscari
per Hugonem le Waterman, postquam ibidem piscatus fuit per
litteram domini regis per octo dies pacifice sine perturbacione, pisca-
tore ipsius comitis et aliis custodibus suis illius aque scientibus
eisdem. Idem Hugo retia et ingenia domini regis cepit et ad
castrum ipsius comitis de Lewes portavit, ubi retenta fuerunt
quousque deliberata fuerunt per preceptum curie regis. Hic requisiti si predictus archiepiscopus habuit custodiam illius aque simul
cum hominibus ipsius comitis dicunt quod ignorant. Et quia
predicta inquisicio majori indiget examinacione, preceptum est
vicecomiti quod venire faciat juretam predictam coram rege hic
die veneris proxima post terciam septimanam Pasche et cetera.
Idem dies datus est comiti predicto et aliis de audiendo inde et
cetera. Ut de die in diem et cetera; ad quem venerunt predicti
comes et alii et similiter juratores. Et requisiti si predicti Willelmus et alii de predicta chacia calumpniati venerunt vi et armis ad
impediendum predictum David ne chaciaret, qui dicunt quod quidam
serviens predicti comitis ante adventum predicti David interfectus
fuit in predicta chacia predicti comitis per malefactores, propter
quod predictus comes afforciavit custodem chacie sue per homines
de familia sua armatos de aketonibus gaumbesonibus et aliis arma-
turis, et sic custodiebant predictam chaciam ante adventum ipsius
David et post. Et quod adventus ipsius David non fuit causa
armature predicte. Iidem requisiti si predicti Willelmus et alii se

permiserunt attachiari quando predictus David ab eis ex parte regis petiit attachiamentum et quod venirent ad curiam regis ad standum recto de predicto impedimento, dicunt quod non, licet ex parte regis per ipsum David super hoc essent requisiti. Iidem requisiti si predictus archiepiscopus tantum habet unam chaciam ex parte de Cleys vel plures dicunt quod tantum modo habuit unam que vocatur chacia[1] de Lyndefeld' et Stanmeresfreth', in qua quidem chacia multa sunt loca diversa nomina habencia. Iidem requisiti si piscator regis piscatus fuit pacifice in eadem piscaria per majus tempus quam [Fo. 262ᵛ.] predictos octo dies ut | supradicitur, dicunt quod ignorant.

Et super hoc datus est dies partibus in crastino Ascensionis coram rege ubicunque et cetera de audiendo judicium et cetera.

___

[*December 3rd, 1298.*[2] *Commission to John de Kennington, priest, to act as coadjutor to William, vicar of St. Dunstan's, Canterbury, who is seriously ill.*]

COADJUTOR DATUS VICARIO LABORANTI GRAVI MORBO.— Robertus permissione divina et cetera dilecto filio Johanni de Kenington' presbitero salutem et cetera. Cum Willelmus vicarius ecclesie Sancti Dunstani Cant' gravi morbo laboret et aliquamdiu laboraverit, ita quod officio suo incumbencia commode non poterit excercere, nolentes curam sibi commissam propter ipsius defectum cum periculo negligi animarum, te sibi coadjutorem ad ministrandum tam in temporalibus quam spiritualibus ad dictam vicariam spectantibus et omnia excercendum que circa divina obsequia requiruntur tenore presencium adhibemus; ita tamen quod eidem W. quoad vixerit de facultatibus ejusdem vicarie sustentacionem congruam subministres. In cujus et cetera. Datum apud Wengham iijᵒ non. Decembris anno domini et cetera.

___

[*Undated. Letter to the Bishop of Amiens in reply to his letter notifying the Archbishop that Peter Alby, rector of Wrotham, was unable to return on account of serious illness, agreeing to wait six months longer before proceeding against him for non-residence.*]

LITTERE RESPONSALES AD AMBIANEN' SUPER NON RESIDENCIA RECTORIS DE WROTHAM.—Reverendo in Christo patri domino G. dei gracia Ambianensi episcopo Robertus ejusdem permissione Cantuariensis et cetera salutem et sinceram in domino caritatem. Magistrum Petrum Alby rectorem ecclesie de Wrotham nostre diocesis quem attestamini gravi corporis invalitudine detineri, super

___

[1] Marginal note, chacea (Sic) juxta Suth[malling].   [2] Cf. p. 294.

residencia in eadem ecclesia sua, quam dudum ab Anglia recedendo sine licencia nostra deseruisse videtur, facienda prout convenit canonice evocatum et diucius expectatum, vestri contemplacione rogaminis, eciam ultra semestre tempus a jure prefinitum ex speciali gracia volumus expectare, processusque nostros racione non residencie contra eum habendos dissimulare ad tempus et in aliis suis agendis coram nobis votive sibi impendemus quicquid salvo bono consciencie poterimus gracie et favoris. Valete et cetera.

[*Undated. Letter to the prior and chapter of the cathedral church of Canterbury consenting to the promotion of Eudo de Bocton, chamberlain of the monastery, to the office of keeper of their manors in East Kent.*]

LITTERE CONSENSUS TRANSLACIONI CAMERARII AD ALIUD OFFICIUM.—Robertus et cetera dilectis filiis . . priori et capitulo ecclesie nostri Cantuariensi salutem et cetera. Scripsistis nobis vos prior predicte quod omnes fratres vestri concorditer decreverunt nobis per vos supplicandum quod frater Eudo de Boctone camerarius vester de voluntate nostra et assensu ab officio camerarii ad custodiam maneriorum vestrorum de Estkent, ubi speratis ipsum ecclesie vestre negocia posse utiliter procurare, valeret transferri, et quod ad idem officium camerarii nobis fratres idonei postea nominentur. Volentes communem utilitatem vestri monasterii intime affeccionis zelo in omnibus anteferri dicti fratris Eudonis translacioni hujusmodi faciende prebemus assensum, sed caveatis ne ad officium camerarii aliquos minus idoneos nominetis; scituri quod si secus egeritis nominatis vestris repulsis de eodem officio de persona providebimus competenti. Datum apud Tenham et cetera.

[*March 18th, 1299. Acquittance for Master Martin, the Archbishop's commissary in his diocese, and John of Lewes, canon of Wingham, who have collected the tenth for the defence of the kingdom against the Scots in the diocese of Canterbury, and the other deaneries subject to the Archbishop.*]

LITTERE ABSOLUCIONIS ET QUIETACIONIS COLLECTORUM DECIME CONTRA SCOTOS IN DYOCESI CANT'.—Universis ad quos presentes littere pervenerint Robertus permissione et cetera salutem in domino. Cum per nos et suffraganeos nostros ceterosque prelatos ac procuratores cleri diocesis et provincie nostre Cantuariensis dudum Londonie congregatos unanimi et spontaneo consensu ordinatum extiteret et provisum, ut pro communibus periculis evitandis inimicisque regni et ecclesie propulsandis et precipue contra hostiles aggressus excercitus Scotorum decima pars bonorum ecclesiasti-

corum omnium prelatorum secularium et religiosorum secundum
taxacionem ultimam veri valoris eorundem, decima vero pars
fructuum et proventuum cleri dictarum diocesium et provincie
secundum taxacionem Norwycensem in qualibet diocesi colligeretur,
ac nos magistrum Martinum commissarium nostrum Cantuariensem
et Johannem de Lewes canonicum ecclesie prebendalis de Wengham
in nostra diocesi Cantuariensi et decanatibus exemptis eidem annexis
hujusmodi decime deputaverimus collectores, ordinatumque postea
fuisset tam per nos quam per suffraganeos nostros ut singuli diocesani compotum a collectoribus dicte decime in suis diocesibus
finaliter audirent, nos audito finali compoto a predictis Martino et
Johanne in nostra diocesi et decanatibus exemptis dicte decime ut
premittitur collectoribus, comperimus quod summa totalis decime
recepte per eosdem usque ad septingentas quater viginti et sex
libras tresdecim solidos et quadrantem se extendebat. De quibus
solutis thesaurario novi Templi Londonie et ejus socio per
[Fo. 263.] unam litteram acquietancie sex centis | sexaginta sex
libris tresdecim solidis et quatuor denariis, ac magistro
Giffredo de Vezano ad opus dicti thesaurarii et socii sui per aliam
litteram acquietancie sexaginta sex libris tresdecim solidis et
quatuor denariis, ac eciam in expensis factis circa dictam decimam
colligendam et solvendam novemdecim libris quatuor solidis et
quinque denariis, debebant dicti collectores de claro triginta quatuor
libras viginti tres denarios et quadrantem. Quam quidem pecuniam
predicti collectores nobis plenarie persolverunt. Unde cum constaret nobis predictos Martinum et Johannem in dicta colleccione
bene et fideliter cum omni diligencia processisse, ipsos ab onere et
cura colleccionis ipsius liberamus et ab ulteriori compoto reddendo
quietos clamavimus per presentes. In cujus rei testimonium sigillum
nostrum presentibus est appensum. Datum apud Lameheth' xv
kal. Aprilis anno domini M°. cc^{mo}. nonagesimo octavo consecracionis
nostre quinto.

[*Undated. Mandate to the Master and scholars of Peterhouse, Cambridge,
to admit Richer of Aylsham, a poor scholar, on the Archbishop's nomination,
during the vacancy of the see of Ely.*]

PROMOCIO SCOLARIS IN DOMO SANCTI PETRI UNIVERSITATIS
CANTEBRIG' JURE METROPOLITICO SEDE ELYENSI VACANTE.—
Robertus et cetera dilectis filiis magistro et scolaribus domus sancti
Petri universitatis Cantebrig' salutem et cetera. Cum nos dilecto
filio nostro magistro Richero de Aylesham scolari de statu mora
liberacione et communa unius scolaris in domo vestra propter suam

indigenciam jure nostro sede Elyensi vacante providerimus graciose, ut sic necessaria inter vos percipiens liberius et commodius in scolis proficere valeat juxta votum, vobis mandamus quatinus prefatum magistrum Richerum, cum per . . officialem nostrum in eadem diocesi inter vos in domo vestra introducendus aut ductus fuerit, liberaliter admittatis ea omnia que scolaris socius dicte domus percipere debet et solet facientes sine difficultate aliqua congrue ministrari. Valete. Datum apud Lameheth'.

[*March 18th, 1299. Monition to Denise de Munchensey to abstain from supporting the Minoresses of Waterbeach in their refusal to pay tithes to the prior and convent of Barnwell.*]

MONICIO AD DOMINAM DE MONTICANISO QUOD ABSTINEAT A SUBTRACCIONE JURIS ECCLESIASTICI PROPTER MINORISSAS.— Roberd par la grace de dieu ercevesque de Cauntorebirs e primat de tote Engleterre a sa tres chiere fille dame Dionise de Monchensy saluz e la grace de Dieu oveque sa beneyzoun. Por ceo que touz ceus qe toillent ou destourbent le droit de seinte eglise sont escomengez, e vous a ceo qe nous avoms entendu sustenez les menuresces de Waterbeche encontre le priour e le covent de Bernewelle qe ont la eglise de Waterbeche approprie, de tollir et despoiller le avantdit priour e le covent de Bernewelle de les dimes du maner e des terres les queles vous avez donee a les susdites menuresces en la parose de meismes la eglise, de les queles dimes les avantditz priour e le covent puis le temps del appropriacion de meismes la eglise ont este seysiz, la quele chose saunz peril de escomeng' e de vostre alme fere ne porretz, vous prioms et amonescoms en noun de dieu qe vous de tiel errour sessez si comence le avez. E les avantditz religious de Bernewelle en leur dreit e estat avant en sustenir vous aforcez. Issint qe leur eglise nule reen de son dreit en peril de vostre alme par vostre assent ou sustenure ne soit perdaunte. A dieu qe vous gard. Donee a Lameheth' le mekerdy precheyn apres la feste seint Gregorie lan de nostre consecracion quint.

[*March 18th, 1299. Monition to Sir Hugh de Vere, husband of Denise de Munchensey, not to permit the prior and convent of Barnwell to be despoiled of their tithes at Waterbeach.*]

SUPER EODEM DOMINO H. DE VEER.—Robertus et cetera dilecto filio domino Hugoni de Veer militi salutem et cetera. Quia omnes subtrahentes jura ecclesiastica et ecclesias suo jure privantes auxiliumve ad hoc prestantes consilium vel favorem sentenciam excommunicacionis majoris incurrunt, discrecionem vestram roga-

mus monemus et hortamur in domino Iesu Christo quatinus . .
priorem et conventum de Bernewelle ecclesiam de Waterbeche
Elyensis diocesis in proprios usus optinentes suis decimis quas percipere consueverunt de manerio et terris que fuerunt domine
Dionisie de Montecaniso in eadem parochia, quod manerium cum
pertinenciis in minorissas transtulit ibidem commorantes, non permittatis vel consenciatis quatenus in vobis est aliqualiter spoliari,
sed in antiquo statu suo circa easdem decimas ipsos religiosos de
Bernewelle nostri rogatus intuitu pocius foveatis. Valete. Datum
apud Lameheth' xv kal. Aprilis consecracionis nostre anno quinto.

[*March 16th, 1299. Notification to the subprior and canons of Anglesey that
although their election of Roger de Weston as prior was invalid, and therefore the Archbishop has the right to nominate a prior, the see of Ely being
vacant, yet if their choice of another prior is unanimous, he will nominate
him.*]

Fo. 263ᵛ.

QUOD CANONICI DE ENGLES' CONSENSUM PREBEANT SUPERIO-
RIS PROVISIONI.—Robertus et cetera dilectis filiis . . suppriori et
canonicis monasterii de Angleseye Elyensis diocesis salutem et
cetera. Licet cassata per nos eleccione facta de fratre Rogero de
Weston' concanonico vestro in priorem ecclesie vestre predicte
racione multiplicis peccati in forma ejusdem eleccionis, prefate
ecclesie vestre de priore idoneo statim de jure possemus ex officio
providisse; volentes tamen honori vestro deferendo ista vice erga
vos benigno moderamine temporare rigorem, vobis significamus
quod eidem provisioni supersedebimus donec vestrum super hoc
unanimem habuerimus consensum, quem nobis per vestras patentes
litteras continentes quod illum habebitis in priorem quem vobis
duxerimus providendum, et quod nobis ad id vestrum prebetis
assensum non differatis per dictum fratrem Rogerum et fratrem
Johannem de Tyrington' cominus mittere consignatas, ut sic de
nostra speciali gracia potestatem vobis adhuc reservatam saltim in
aliquo senciatis. Valete. Datum apud Lameheth' xvij kal. Aprilis
anno domino et cetera consecracionis nostre quinto.

[*March 18th, 1299. Notification to the abbess and convent of Chatteris that
although the Archbishop has exercised his right in nominating Idonea de
Chilham, who is illiterate, for admission to their house as a lay-sister, it will
not be a precedent for future bishops of the diocese to nominate lay-sisters
instead of nuns.*]

UT PER ADMISSIONEM SORORIS CONTRA CONSUETUDINEM
ECCLESIE NON FIAT PREJUDICIUM EIDEM.—Robertus et cetera
dilectis filiabus . . abbatisse et conventui monasterii de Chatriz

Elyensis diocesis salutem et cetera.   Quamquam de jure ex antiqua et diucius observata consuetudine nobis competenti ad habendum in domo vestra ex provisione nostra unam monialem Idoneam de Chileham in eadem domo vestra illiteratam posuerimus inter vos commorandam ista vice ut sororem, per hoc tamen nolumus vobis prejudicium generari ut inposterum ad provisionem loci diocesani qui pro tempore fuerit teneamini aliquas iterum admittere ut sorores et non moniales perpetuo commorandas.   In cujus rei testimonium has nostras patentes vobis concedimus litteras consignatas.   Datum apud Lameheth' xv kal. Aprilis.

[*March 20th, 1299. Exhortation to Hugh Despencer not to withhold from the nuns of Chatteris the yearly payment of £10 for their clothing, which they have received from his ancestors.*]

MONICIO AD DOMINUM H. LE DESPENCER SUPER SUBTRAC-CIONE JURIS ECCLESIASTICI.—Robertus et cetera nobili viro domino Hugoni le Despencer militi salutem et cetera.   Quia subtrahentes ecclesiis sua jura majoris excommunicacionis sentencia feriuntur, ac vos religiosis mulieribus monasterii de Chatriz, quarum cura sede Elyensi vacante ad nos pertinet, decem libras ad vesturam suam assignatas, quas ab antecessoribus vestris ab antiquo sine contra-diccione hactenus perceperunt, jam de novo ut dicitur subtrahatis,[1] nolentes vos quatenus ad nos attinet tanto involvi periculo qui de salute animarum subditorum nostrorum tenemur curare pocius diligenter, vestram discrecionem affectuose rogamus et hortamur in aspersione preciosi sanguinis domini Jesu Christi quatinus hujus-modi prestacionem religiosis prefatis ad tam pios usus ab antecessoribus vestris devote concessam nequaquam subtrahere pre-sumatis, sed more solito solvi plenarie faciatis ; ita quod religiose mulieres predicte sede Elyensi vacante in jure proteccionis con-fidentes presidio, et erga quas specialem affeccionem gerimus, nostri rogatus intuitu celerem satisfaccionem a vobis senciant de premissis, et ut devocionis vestre zelum pro juribus ecclesie ut tenemini con-servandis debeamus non immerito commendare.   Valete.   Datum apud Lameheth' xiij° kal. Aprilis.

[*March 20th, 1299. Acquittance for the Treasurer of the New Temple, London, and the rector of Lambeth, for a payment made to a firm of merchants of Florence from the tenth for the defence of the kingdom against the Scots.*]

LITTERA ALLOCACIONIS SOLUTORUM PER RECEPTORES DECIME ECCLESIASTICE CONTRA SCOTOS.—Robertus et cetera

¹ *Sic* MS.

dilectis filiis . . thesaurario novi Templi Londonie et rectori
ecclesie de Lameheth' receptoribus pecunie ecclesiastice pro repulsa
Scotorum ad defensionem ecclesie et regni Anglie concesse salutem
et cetera. Cum vobis nuper mandaverimus quod M¹. M¹. et septingentas marcas sterlingorum mercatoribus Florencie de societate
Mozzorum de Florencia solveretis de hujusmodi ecclesie pecunia
per vos recepta, vos non habentes tot sterlingos qui se extenderant
ad summam prefatam, M¹. et septingentas marcas sterlingorum
et M¹. ac Vᶜ. marcas pollardorum ad supplendam summam tot
sterlingorum liberastis eisdem, cum alias eis satisfacere nequiveritis
de tanta summa sicut mandaverimus sterlingorum. Nos igitur
satisfaccionem hujusmodi approbantes M¹. M¹. M¹. et CC marcas de
sterlingis et pollardis per vos receptas et sic ut premittitur solutas,
vobis in compoto receptorum reddendo volumus allocari et de
eisdem vos acquietamus et liberamus totaliter per presentes.
Datum apud Leuesham xiij kal. Aprilis anno domini et cetera.

---

*March 20th, 1299. Allowance to the Treasurer of the New Temple, London,
and the rector of Lambeth, for payments to merchants of Florence and for
their own expenses as collectors of the tenth for the defence of the kingdom
against the Scots.*]

Fo. 264.

ALLOCACIO PECUNIE LIBERATE AD MANDATUM ARCHIEPISCOPI
ET SUMPTUUM COLLECTORUM.—Robertus et cetera dilectis filiis
thesaurario novi Templi Londonie et rectori ecclesie de Lameheth'
receptoribus pecunie ecclesiastice ad repulsam Scotorum pro defensione ecclesie et regni Anglie concesse salutem et cetera. Centum
marcas sterlingorum quas ad mandatum nostrum mercatoribus
Florencie de societate Pullicum et Rembertinorum liberastis, necnon
et XX libras pollardorum quas pro sumptibus vestris vos recipere
mandavimus de pecunia supradicta, vobis in compoto receptorum et
liberatorum de pecunia hujusmodi reddendo volumus allocari, et
vos de summis eisdem liberamus et quietamus totaliter per presentes. Datum apud Leuesham xiijᵐᵒ kal. Aprilis anno domini
M. CCᵐᵒ nonagesimo octavo consecracionis nostre quinto.

[*April 5th 1299. Letter to Geoffrey de Vezano, asserting that he has not been
negligent in the execution of a papal provision of John, son of Landulph de
Colonna, to a prebend of York.*]

LITTERE PROTESTACIONIS DE DILIGENCIA CIRCA EXECU-
CIONEM MANDATI APOSTOLICI DE PREBENDA EBORACENS'.—
Robertus et cetera discreto viro magistro Giffredo de Vezano

canonico Cameracensi et camere domini pape clerico salutem et cetera. Nuper cum ascensuri essemus equum nostrum ad proficiscendum versus abbaciam de Lesnes pro visitacione nostra eo die inibi facienda, quidam Johannes de Campania asserens se procurator domini Johannis nati domini Landulphi de Columpna quasdam litteras apostolicas super canonicatu et prebenda Eboracensis ecclesie nobis directas a sede apostolica presentavit, petens nos ad execucionem procedere velle virtute earundem litterarum contra alium quam qui fuerat in predictis litteris nominatus. Cumque propter collacionem in dicta visitacione nostra faciendam nobis non vacasset eo tempore dicto procuratori multum intendere, assignavimus sibi alium terminum satis brevem quo rediret ad nos dictum negocium prosecuturus; quo veniente tardius quam sibi assignavimus in itinere nostro quodam die ubi negocia sua expedire nequivimus, diximus sibi quod eligeret sibi de ecclesia Eboracensi certos executores quibus commodius possemus mandata nostra dirigere in hac parte, cui consilio nostro acquiescendo divertit se a nobis dicens se Londonie explorare velle de eisdem, et nos infra biduum de ipsorum nominibus certificare; sed postea ad nos de quo miramur minime est reversus. Verum quia intelleximus quod vos pro promocione dictorum negociorum zelatis, dicto procuratori faciatis intimari, quod non stat nisi per eum quominus mandatum apostolicum nobis in hac parte directum debite prout convenit exequamur; ad quod offerimus nos paratos dummodo sit aliquis qui ipsum congrue prosequatur. Non enim sine prosecucione partis ad execucionem hujusmodi mandati nostris sumptibus faciendam credimus nos astringi, voluntatem ac propositum dicti procuratoris nobis quamcicius rescribatis. Valete. Datum apud Horton' non. Aprilis consecracionis nostre anno quinto.

[*April 24th, 1299. Permission to Sir William de Brochulle to have services in his private chapel at Saltwood for himself and his household except on Sundays and festivals, and without prejudice to the parish church of Saltwood for two years.*]

CONCESSIO[1] CELEBRANDI IN ORATORIO INFRA PAROCHIAM DE SALTWOD' CUM CAUTELA APPOSITA PRO IMMUNITATE MATRICIS ECCLESIE.—Robertus et cetera dilecto filio domino Willelmo de Brochulle militi salutem et cetera. Ut in oratorio quod habes in domo tua infra parochiam ecclesie de Saltwode sine prejudicio dicte ecclesie possis divina facere celebrari, tibi licenciam concedimus per

----

[1] Hand in margin.

presentes, exceptis diebus dominicis et aliis magnis solempnitatibus in quibus te et familiam tuam nisi ob magnam infirmitatis causam vel aliam necessariam et evidentem dictam ecclesiam parochialem pro audiendis divinis volumus frequentare. Ita quod capellanus qui in dicto oratorio tuo celebrabit rectori prefate ecclesie prestet juramentum quod sibi obediens erit, et ipsam ecclesiam suam a jurium suorum subtraccione vel diminucione servabit indempnem, et quod de obvencionibus et oblacionibus racione cantarie sue in dicto oratorio tuo percipiendis, sibi et dicte ecclesie sue de Saltwode fideliter et integre respondebit, quodque nulla sacramenta vel sacramentalia ecclesiastica in eodem oratorio cuiquam ministrabit. Nos eciam tibi firmiter in virtute obediencie injungimus et mandamus quatinus nichil in prejudicium dicte matricis ecclesie occasione premissorum facias aut permittas aliqualiter attemptari, presentibus ultra biennium minime valituris, nisi aliud interim super hoc duxerimus ordinandum. In cujus rei testimonium et cetera. Datum apud Cherring' viij kal. Maii anno domini Mº. ccº. nonagesimo nono consecracionis nostre quinto.

———

[*April 27th, 1299.   Letter to Geoffrey de Vezano inquiring for the proctor of John de Colonna, and asserting his own willingness to execute the papal provision of John de Colonna to a prebend of York.   The mandate of Boniface VIII, dated May 21st, 1298, requiring the Archbishop to assist John de Colonna against the King's chancellor, who is said to be in possession of the prebend, is quoted in full.*]

Robertus et cetera discreto viro magistro Giffredo de Vezano canonico Cameracensi et camere domini pape clerico [Fo. 264ᵛ.] salutem et cetera. | Licet nobis scripseritis alias quod procurator domini Johannis nati domini Landulphi de Columpna, per quem quedam littere apostolice super canonicatu et prebenda in ecclesia Eboracensi nobis ad exequendum fuerant presentate, ad vos neque venit neque litteras tales ostendit seu vestrum super hoc consilium requisivit, sed pocius ubi fuerit vel declinaverit ignorastis; quia tamen verisimiliter conjecturamus et credimus dictum negocium ejusque prosecutores seu promotores vos diu latere non posse, cum ad vestrum consilium in negociis ecclesiasticis illorum de curia Romana tanquam precipuum sicut decet in partibus istis communiter habeatur recursus, ac nos ad partis vel ejus procuratoris prosecucionem simus et hactenus fuerimus parati mandatum apostolicum secundum formam et effectum dictarum litterarum, et maxime contemplacionem venerabilium patrum dominorum Gerardi Sabinensis episcopi, Matthei sancte

Marie in porticu, Petri sancte Marie nove et patris Mathei Portuensis
et sancte Ruffine episcopi cardinalium sedis apostolice nos per
litteras suas specialiter rogancium in hac parte effectualiter exequi
ut tenemur; quod tamen nullo prosequente facere non valemus,
sicut ex tenore dictarum litterarum manifeste poterit deprehendi,
vos ex affectu requirimus et rogamus quatinus de hujusmodi procuratore vel alio ipsius negocii promotore inter mercatores et alios
notos vestros de curia Romana faciatis quo celerius valetis disquiri,
ipsumque procuratorem seu promotorem si quis repertus fuerit
moneri et excitari ad ipsius negocii debitam prosecucionem. Nos
enim sicut alias ex habundanti adhuc publice protestamur quod
quatenus in nobis est parati sumus et erimus et hactenus fuimus
dicto mandato apostolico cum reverencia diligenter in omnibus
obedire, super quibus vestrum testimonium alias cum necesse fuerit
invocamus, cupientes per vos certificari quam cicius de premissis.
Et ut plenius vobis appareat dictum mandatum non posse fieri sine
parte, ipsius tenore de verbo ad verbum sicut illud recepimus presentibus duximus inserendum.

EXECUCIO AUCTORITATE SEDIS APOSTOLICE DEMANDATA
SUPER PREBENDA EBOR'.—Bonifacius servus servorum dei
venerabili fratri . . archiepiscopo Cantuariensi salutem et apostolicam benediccionem. Attendentes sincere devocionis affectum
quem dilectus filius Johannes natus dilecti filii nobilis viri Landulphi de Columpna, canonicus Eboracensis capellanus noster et
idem nobilis ad nos et apostolicam sedem gerunt, necnon et probitatis merita que dicto Johanni suffragari dicuntur ac volentes ipsi
Johanni graciam facere specialem, canonicatum et prebendam
quos quondam Bovo de Clara canonicus Eboracensis in ecclesia
Eboracensi dum vivebat obtinuit cum plenitudine juris canonici ac
omnibus juribus et pertinenciis suis prefato Johanni apostolica
auctoritate contulimus, et de ipsis providimus ac dilectum filium
nostrum Petrum sancte Marie nove diaconum cardinalem investivi-
mus ejusdem Johannis nomine per nostrum anulum presencialiter
de eisdem, quaslibet alias collaciones et provisiones a predecessori-
bus nostris Romanis pontificibus vel eorum auctoritate de dictis
canonicatu et prebenda quibuscumque factas et quicquid aliud de
illis attemptatum seu actum esset vel attemptari contingeret irrita
et inania decernentes, prout in nostris litteris inde confectis plenius
continetur. Cum autem dicta prebenda detineri dicatur a cancellario regio contra justiciam occupata, nos volentes ut hujusmodi
nostra collacio et provisio memorato Johanni per nos ut premittitur

facta plenum sorciatur effectum, fraternitati tue per apostolica scripta
mandamus quatinus memoratum cancellarium et quemcumque seu
quoscumque alios ejusdem prebende detentorem seu detentores
ex parte nostra per te vel per alium seu alios moneas diligenter,
ut infra quindecim dies post monicionem hujusmodi eandem prebendam cum omnibus juribus et pertinenciis suis ac fructibus inde
perceptis eidem Johanni vel procuratori suo ejus nomine in pace
dimittant, nullam sibi super eis deinceps molestiam inferendo; alioquin ipsos peremptorie citari procures ut infra duorum mensium
spacium dictos quindecim dies immediate sequencium personaliter
apostolico se conspectui representent, facturi et recepturi super
hiis quod ordo dictaverit racionis nostrisque mandatis et bene
placitis parituri.   Diem vero citacionis et formam et quicquid inde duxeris faciendum nobis per tuas litteras
[Fo. 265.] | harum seriem continentes fideliter significare procures.
Datum Rome apud sanctum Petrum xii kal. Junii pontifi-
catus nostri anno quarto. Valete semper in Christo. Datum apud
Malling' v° kal. Maii anno domini et cetera consecracionis et cetera.

[*Undated. Notification to Roger of Weston, canon of Anglesey Priory, that as
the recent election was irregular, the Archbishop has appointed him to the
office of prior.*]

COLLACIO PRIORATUS JURE DEVOLUTO CASSATA ELECCIONE
NON CANONICE FACTA.—Robertus permissione divina et cetera
dilecto filio Rogero de Weston' canonico monasterii de Angleseye
Elyensis diocesis sede vacante salutem et cetera. Prioratum dicti
monasterii de Angleseye cassata eleccione ultimo facta per suppriorem et canonicos ejusdem loci propter evidens peccatum forme
ejusdem, tibi jure nostro conferimus et te inibi preficimus tenore
presencium in priorem, ipsius prioratus curam et regimen committentes.   In cujus et cetera.   Datum apud Maydestan et cetera.

[*Undated. Mandate to the Archbishop's official in the diocese of Ely, during the
vacancy of the see, to install Roger of Weston as prior of Anglesey, unless it
is customary for the archdeacon of Ely to install the prior.*]

LITTERA AD INSTALLANDUM DICTUM PRIOREM.—Robertus et
cetera officiali nostro Elyensi sede vacante salutem et cetera. Quia
fratrem Rogerum de Weston' in priorem monasterii de Angleseye,
cassata eleccione per . . suppriorem et canonicos ejusdem loci
ultimo facta propter forme ipsius peccatum, prefecimus jure nostro,
vobis mandamus quatinus dictum R. in priorem ibidem vice nostra
installetis et in possessionem ejusdem prioratus inducatis et de-

fendatis inductum, nisi de consuetudine approbata talia ad loci
archidiaconum debeant pertinere cujus juri nolumus in aliquo
derogare ; quod si hec ad archidiaconum pertinere dinoscantur,
vice nostra mandetis eidem quod circa premissa officii sui debitum
exequatur.　Et quid feceritis in premissis nos et cetera.

————

[*May 9th, 1299.　Admonition to Peter of Leicester, baron of the exchequer, to
desist from robbing William of Chilbolton, rector of Binfield, in the diocesis
of Salisbury, of his tithes and offerings.　The rector has appealed to the
court of Canterbury for protection, and judgement has been given in his
favour ; nevertheless, Peter has continued recalcitrant.　The Archbishop
threatens to take severe measures.*]

Monicio P. de Leycestr' quod desistat ab injustis vexacionibus clericorum quorundam et cetera.—Robertus et
cetera domino Petro de Leycestria salutem et cetera.　Graves et
clamosas quamplurium querelas frequenter recepimus continentes
quod, cum vos magistrum Willelmum de Chilbauton' rectorem
ecclesie de Benetfeld' Sarisbiriensis diocesis decimis oblacionibus et
aliis bonis suis ecclesiasticis asportando ea seu per vestros familiares
et ministros auferri et asportari faciendo in prejudicium ecclesiastice
libertatis extra domos dicte ecclesie contra voluntatem ejusdem
rectoris suorumve ministrorum spoliaveritis minus juste, idemque
rector super hiis negocium tuitorie appellacionis in curia nostra
Cantuariensis contra vos. introducens et tuicionis beneficium et
premissorum restitucionem sibi concedi optinuerit per decretum,
quod certis personis mandabatur auctoritate ejusdem curie contra
vos et alios quos ipsum negocium contingebat effectualiter exequendum, vos eidem decreto quamquam legittime moniti parere
sicut ex debito obediencie tenebamini nedum pertinaciter renuistis,
sed contra clericalis status honorem in elusionem nostre jurisdiccionis et prejudicium ecclesiastice libertatis prefatum rectorem, et
quosdam vicarios dicte diocesis prefate tuicionis executores ac quam
plures alios ipsi rectori in hac parte adherentes, per brevia de
scaccario domini regis attachiari et quosdam ipsorum incarcerari et
racione firme quam vos habere confingitis in dicta ecclesia ut
asseritur procurastis.　Super quibus licet contemptum et inobedien-
ciam vestram nostre jurisdiccionis elusionem et libertatis ecclesiastice
violacionem graviter possemus arguere, et super tam notoriis excessibus non inmerito contra vos procedere ad animadversiones
condignas, volentes tamen vestre fame ad presens parcere vobisque
in penarum affliccionibus deferre, vos monemus districcius tenore
presencium et hortamur in domino Jesu Christo, quatinus a dicti

rectoris sibique adherencium in hac parte ministrorumque curie nostre vexacionibus et inquietacionibus per oppressiones hujusmodi vetiti examinis sine mora priores excessus vestros in hac parte caucius revocando penitus desistatis, ne ad acriora contra vos eo pretextu procedere compellamur, presertim cum loci ordinarius vel nos in ejus defectum vobis contra dictum rectorem in hujusmodi ecclesiasticis negociis parati sumus omnem justiciam facere cum favore. Et quid super hiis duxeritis faciendum nobis sine more diffugio rescribatis. Valete. Datum apud Lameheth' vij id. Maii anno domini M°. cc^{mo}. nonagesimo nono consecracionis nostre quinto.

[*May 12th, 1299. Letter to the Bishop of Exeter remonstrating with him for not arranging for the purgacion of William Rowland, a chaplain in the bishop's prison, on false charges, and commanding him to take action before June 24th.*]

Monicio et excitacio episcopi super recusanda purgacione clerici excommunicati.—Robertus et cetera venerabili fratri domino Thome dei gracia Exoniensi episcopo salutem et cetera. Meminimus vobis alias litteris nostris monitoriis dedisse in mandatis quatinus Willelmo Roland capellano vestro carceri ex certis causis, falsis tamen ut asseritur, mancipato, super sua liberacione per canonicam purgacionem facienda faceretis secundum juris exigenciam in omnibus justicie complementum. Vos tamen, de quo miramur non modicum, hujusmodi mandatum nostrum ut asseritur contempnentes absque aliquali excusacione nobis transmissa negocium hujusmodi deseruistis in perfectum in dicti Willelmi pre-
[Fo. 265^v.] judicium et ecclesiastice | libertatis scandalum manifestum.

Quocirca vobis iterata vice firmiter injungendo mandamus quatinus eidem Willelmo super sua purgacione canonica vobis ut dicitur oblata celerem justiciam faciatis citra festum Nativitatis sancti Johannis Baptiste proximo futurum. Alioquin causam racionabilem, quare ad execucionem liberacionis ejusdem procedere non poteritis seu de jure non debetis, ad quartum diem post predictum festum quem vobis peremptorie assignamus nos distincte et aperte significare curetis. Valete. Datum apud Lameheth' iiij id. Maii anno domini M°. cc^{mo}. nonagesimo nono et cetera.

[*May 12th, 1299. Letter to the Bishop of London, remonstrating with him for not arranging for the purgation of John Waryn, who is in the bishop's prison on a false charge, and commanding him to take immediate action.*]

Excitacio London' super incarceratorum liberacione.
—Robertus et cetera venerabili fratri domino R. Londoniensi epi-

scopo salutem et cetera. Ex parte Johannis Waryn dicti de Meldeburn'
vestre diocesis nobis extitit conquerendo monstratum quod licet
eidem J. per justiciarios domini regis pro crimine falso et maliciose
sibi imposito vestro carceri liberato, ac per vos ibidem ut dicit
detento, ad ipsius instanciam et peticionem humilem beneficium
juris super sua purgacione admittenda concesseritis ut facere
deberetis, officialem archidiaconi Londoniensis mandando ut certis
diebus et locis ubi dictus Johannes conversari consuevit dictumque
facinus committi dicebatur publice et solempniter nunciaret, ut si
qui dictum clericum super commisso facinore accusare voluerint [1] seu
alias procedere contra eum quominus ipsius purgacio deberet admitti,
certis die et loco per vos assignatis coram vestro . . officiali com-
parerent, facturi et recepturi quod justicia suaderet; vos tamen
super hiis per ejusdem officialem litteras legittime certificati, ad plenum ulterius ut asseritur procedere omisistis seu pocius neglexistis,
dictum purgacionis negocium diucius detinentes insuspenso in dicti
incarcerati prejudicium dampnum non modicum et gravamen. Quocirca vobis injungendo mandamus quatinus eidem J. circa premissa
et ea contingencia in omnibus celeriter exhibeatis justicie complementum, ne in vestri desidiam et negligenciam quam conniventibus oculis pertransire nolumus incorreptam querela ad nos redire
valeat iterata. Valete. Datum apud Lamehethe iiij id. Maii consecracionis nostre anno quinto.

[*May 11th, 1299. Mandate to the archdeacons of the East Riding and of
Nottingham to execute the mandate of Pope Boniface VIII, and summon the
King's chancellor to surrender the prebend of York within fifteen days to
John de Colonna or his proctor.*]

LITTERA EXECUTORIA SUPER PREBENDA EBORACENSI. —
Robertus permissione et cetera, executor in subscripto negocio
a sede apostolica deputatus discreto viro magistro Johanni de Crau-
combe archidiacono Estryuding' et magistro Willelmo de Pykering'
archidiacono Notingham in ecclesia Eboracensi salutem et mandatis
reverenter apostolicis obedire. Mandatum sedis apostolice quod
vobis inspiciendum nobisque illico remittendum transmittimus nuper
accepimus tenorem continens infrascriptum : Bonifacius episcopus et
cetera ut supra in littera directa magistro Giffredo de Vezano.
Quocirca discrecioni vestre committimus et mandamus in virtute
obediencie qua sedi apostolice supradicte tenemini injungentes,
quatinus statim receptis presentibus quam cito poteritis oportune

---

[1] MS. voluerit.

dictum cancellarium et quemcumque seu quoscumque detentorem
seu detentores memorate prebende canonice moneatis, ut infra
quindecim dies a tempore monicionis hujusmodi numerandos ipsam
prebendam cum omnibus juribus et pertinenciis suis ac fructibus
inde perceptis eidem Johanni vel procuratori suo ejus nomine in
pace dimittant ut superius est expressum ; alioquin citetis eosdem
peremptorie vice nostra quod infra duos menses dictos quindecim
dies immediate sequentes personaliter apostolico se conspectui
representent in forma superius annotata. De die vero recepcionis
presentis necnon et diebus monicionis ac citacionis ut supra
factarum, nos infra duos menses proximos post recepcionem presencium certificetis per vestras patentes litteras harum seriem
continentes. Quod si non ambo hiis exequendis interesse poteritis
unus vestrum ea nichilominus exequatur. Datum apud Lameheth'
v° id. Maii anno domini M°. cc^{mo}. nonagesimo nono consecracionis
nostre quinto.

[May 12th, 1299. Mandate to the official of the archdeacon of Stafford to forbid
the prior of Lapley, whose house is charged with a pension to Bruno de
Podio, to make any payment to him until Bruno has paid 160 marks to
master James de Mohun, rector of Shepperton, according to judgement given
in the Archbishop's court, and to charge Bruno to make an assignment of
the debt.

EXECUCIO IN NOMINIBUS DEBITORUM DEFICIENTIBUS MOBILI-
BUS ET IMMOBILIBUS CONDEMPNATI.—Robertus permissione et
cetera dilecto filio . . officiali archidiaconi Stafford' salutem et
cetera. Quia per execuciones contra Brunum de Podio clericum,
qui in octies viginti marcis sterlingorum in quadam causa coram
nobis mota inter magistrum Jacobum de Mohun rectorem ecclesie
de Scheperton' Londoniensis diocesis ex parte una et eundem
Brunum ex altera super ecclesia de Scheperton' antedicta pro
　　　　　fructibus ipsius ecclesie ab eodem Bruno injuriose per-
[Fo. 266.] ceptis et expensis | prefati magistri Jacobi factis in lite
　　　　　per nos legittime condempnatus extiterat, sepe factas
liquere non potest ipsum B. bona mobilia et immobilia unde in hac
parte satisfieri valeat habuisse vel in presenti habere, ac per hoc
ipsius condempnacionis execucio ad nomina debitorum ejusdem
B. si quos habeat de jure debet extendi, et . . prior de Lappele
Coventrensis et Lichfeldensis diocesis prout ipse coram judice competenti nuper recognovisse asseritur memorato B. pro arreragiis
cujusdam annue pensionis in sexaginta decem marcis sterlingorum
ut dicitur teneatur, tibi committimus et mandamus quatinus dicto
priori inhibeas seu inhiberi facias vice nostra ne predictam pecu-

niam vel partem ejusdem prefato B. vel alteri vice sua persolvat,
quousque de prelibata pecunia in qua idem B. ut pretangitur con-
dempnatur fuerit satisfactum ; eundemque Brunum quatenus est tibi
possibile canonice moneas et inducas ut accionem quam contra
prefatum priorem de dictis sexaginta decem marcis habere dinoscitur sepedicto magistro Jacobo in partem solucionis condempnacionis prefate cedere protinus non omittat. Et quid feceris in
premissis nos tuis patentibus litteris harum tenorem habentibus
cum super hoc congrue requisitus extiteris plene certifices sine
mora.   Datum apud Lamehethe iiij id. Maii anno domini et
cetera.

[*May 14th, 1299. Commission to Robert de Ros, the Archbishop's chancellor,
and Henry of Hoveden, and the examiner of the Court of Arches, to summon
the creditors of the late Henry Box to send in their claims to them in writing
forthwith.*]

DENUNCIACIO FACTA CREDITORIBUS QUOD PETICIONES SUAS
EXHIBEANT.[1]—Robertus et cetera magistris Roberto de Ros Cancellario nostro et Henrico de Hovedene et examinatori Curie nostre
de Arcubus Londonie salutem et cetera.   Ut execucio testamenti
Henrici Box dudum civis Londoniensis defuncti, que non absque
animarum periculo hactenus est dilata, celerius valeat expediri, vos
conjunctim et divisim cum cohercionis canonice potestate committimus et mandamus quatinus proclamaciones ac denunciaciones
solempnes in locis quibus oportunum extiterit fieri facientes, creditoribus prenotati defuncti, ut diebus et locis per vos vel alterum
vestrum in proclamacione hujusmodi statuendis suas coram vobis
precise et peremptorie peticiones in scriptis exhibeant, celerem eis
justiciam super hiis fieri faciatis, et ea que ad execucionem prenotatam contingunt ulterius cum debita maturitate celeriter expedire
facientes quod decreveritis vel decreverit unus vestrum exequi
cum effectu.   Datum apud Lameheth' ij id. Maii anno domini et
cetera.

[*May 16th, 1299.   Mandate to the executors of Gilbert de Clare, earl of
Gloucester, to present an inventory of his estate on the first law-day after
July 13th next, and rebuking them for their delay.*]

QUOD EXECUTORES COMITIS GLOVERNIE CONFICIANT PLENUM
INVENTARIUM ET EXHIBEANT TERMINO CON . .[2]—Robertus et cetera
dilectis filiis . . abbati Teukesbur' magistro Henrico de Crane-

---

[1] In margin, ' Nota'.
[2] The margin has been cut away, and the greater part of the words are missing.

bourn' archidiacono Landavensi, dominis Roberto de Veel, Nicholao de la Hese, Johanni de Bello campo militibus, Ade de Blechingeleye, Simoni de Heigham et Willelmo de Hamelden' clericis, executoribus testamenti nobilis viri domini Gilberti de Clara quondam comitis Glovernie salutem et cetera. Licet major pars vestrum demensis jam trium annorum curriculis et amplius, ac ceteri postea quamquam diversis vicibus, onus inventarii conficiendi de bonis dictis nobilis defuncti nobisque ipsum presentandi in vos assumpseritis corporalibus a singulis super hoc prestitis juramentis, nullum tamen hucusque de quo miramur presentatum nobis extitit seu ostensum, super quo vos de nimia negligencia arguendos non immerito judicamus. Volentes igitur quantum in nobis est hujusmodi negligencie a vobis depellere torporem, vobis omnibus et singulis sub pena districcionis canonice firmiter injungendo mandamus, quatinus usque ad proximum diem juridicum post festum sancte Margarete virginis proximo venturum faccioni hujusmodi inventarii diligenti sollicitudine intendatis, ipsumque de omnibus bonis dictum testamentum contingentibus vel ad ipsum defunctum quomodolibet spectantibus plenarie confectum eodem die quem vobis peremptorium assignamus coram nobis ubicunque tunc et cetera, exhibeatis ostendatis et sine ulterioris more diffugio presentetis, facturi et recepturi ulterius in negocio hujusmodi executorio quod justum fuerit et anime saluti ipsius defuncti magis videbitur expedire. Quod si premissa omiseritis vel neglexeritis sicut tenemini adimplere, vestram desidiam anime ipsius defuncti non minimum periculosam graviter puniemus. Quid in premissis duxeritis faciendum nos dictis die et loco certificetis per vestras patentes litteras et cetera. Datum apud Lameheth' xvij kal. Junii anno domini Mᵒ. cc^{mo}. nonagesimo nono consecracionis nostre v ᵒ.

[May 16th, 1299. Mandate to the Bishop of Worcester to admonish Sir John Ap Adam, patron of the Hospital of St. Mark's, Billeswick, Bristol, to allow the brethren to have possession of their property. On the resignation of the late Master, Sir John Ap Adam claimed the right of presentation, which was disputed by the brethren, and he expelled them by force.]

EXCITATORIA AD INDUCEND' . .¹ MITTAT . . SUE D . . — Robertus venerabili fratri domino G. dei gracia Wygorniensi episcopo salutem et cetera. Ex parte precentoris et tocius conventus ecclesie sancti Marci de Billeswyk' juxta Bristoll' ad nos gravis querela pervenit quod, vacante ecclesia predicta per resi-

---

¹ The margin has been cut away, and the greater part of the words are missing.

gnacionem fratris Roberti de Reding' nuper prioris et magistri
 ibidem, quidam dominus Johannes de Badham miles se
[Fo. 266ᵛ.] patronum ejusdem | loci pretendens dictos religiosos per
 eleccionem suam canonicam, prout juris est et in dicta
domo sicut dicitur hactenus usitatum, se priorem et magistrum
habere debere contendentes ab eadem violenter expulit seu expelli
fecerat et mandavit, ipsis fratribus sic expulsis vite necessaria de
bonis communibus et possessionibus suis ecclesiasticis inhumaniter
denegando, cujus pretextu iidem fratres sic dispersi per seculum
devagantes in cleri et religionis opprobrium coguntur miserabiliter
mendicare. Cum igitur ad vos ipsorum immediatum pastorem
gregem vestrum non sine magno scandalo sic dispersum pertineat
tanto diligencius ad conformitatem religiose unitatis et ad statum
pristinum revocare, quo terribilius ipsorum labencium sanguis a
vestris manibus requiretur, fraternitatem vestram excitando monemus et hortamur in domino Iesu Christo quatinus dictum militem
per vos et per alios districtius moneatis et efficaciter inducatis, quod
infra certum tempus sibi per vos peremptorie assignandum dictis
religiosis permittat de bonis et possessionibus ad prefatam ecclesiam
suam pertinentibus necessaria libere sine alicujus impedimenti
obstaculo ministrari. Alioquin ad certum terminum ipsum coram
vobis citari faciatis, precise et peremptorie propositurum racionabile si quod habeat quare ad hoc compelli non debeat faciendum ;
tam vigilanter et celeriter officii vestri in hac parte debitum exequendo quod religionis honestate per dispersi gregis revocacionem
congruam conservata sollicitudinis vestre vigilancia, iteratam quere-
lam ad nos super hiis juste deferri non paciens, valeat non immerito
commendari. Ut autem super hiis que feceritis in hac parte plenius
instruamur, nos citra festum sancti Jacobi apostoli certificare de hiis
curetis per vestras patentes litteras harum seriem. Datum apud
Croydon' xvij kal. Junii et cetera.

[*April 25th, 1299. Letter from the Archbishop to the prior and chapter of
 Canterbury, informing them that from the three monks whose names they
 had submitted to him for the office of chamberlain he has nominated Richard
 Prykenot.*]

COMMISSIO FACTA PRIORI CANT' AD PREFICIENDUM CAMERA-
RIUM.—Robertus et cetera dilectis filiis .. priori et capitulo ecclesie
nostre Cantuariensis salutem et cetera. Cum ad officium camerarie
ecclesie nostre predicte vacans in instanti, vos prior predicte fratres
Ricardum Pykenot, Danielem de Sifflington' et Guydonem de
Smerdenne nobis nominaveritis ut nos unum [1] ipsorum preficeremus

---

[1] MS. unius.

juxta solitum ad officium memoratum, variisque occupacionibus jam
detenti ad capitulum vestrum ubi talia expediri honestius possent
propter hoc ad presens accedere personaliter nequeamus, vobis
priori prenotato ad preficiendum dictum fratrem Ricardum Pykenot
unum de tribus sic per vos nominatis nomine nostro ad hujusmodi
officium camerarie vices nostras committimus per presentes, quod
vobis omnibus tenore presencium innotescat. Valete. Datum apud
Maydestan vij kal. Maii anno domini M⁰. cc^mo. nonagesimo nono,
consecracionis nostre quinto.

[*May 19th, 1299. Letter to the lady Johanna de Gatton notifying her that the
living of Boughton Malherbe, said to be in her presentation, is vacant, and
admonishing her to present a suitable person to the Archbishop.*]

DENUNCIACIO VACACIONIS ECCLESIE PATRONO LAICO.—Robertus et cetera dilecte filie domine Johanne de Gatton' salutem et
cetera. Quia in visitacione nostra quam exercuimus nuper in
nostra Cantuariensi diocesi ecclesiam de Bocton' Malherbe dicte
diocesis, cujus patronatus ad te dicitur pertinere, vacare comperimus
ipso jure, eandem vacacionem tibi denunciamus presencium per
tenorem, monentes te et excitantes quod infra tempus competens
personam idoneam nobis cures ad eandem ecclesiam presentare, si
jus patronatus ejusdem ad te credideris pertinere. Alioquin in tui
negligenciam et defectum eidem ecclesie ex officio nostro providebimus oportune. Valete. Datum apud Croydone xiiij⁰ kal. Junii.
anno domini et cetera.

[*May 29, 1299. Writ from Edward I to the barons of the exchequer to search
the rolls to discover the validity of the Archbishop's claim to have the
custody of the lands of his tenants-in-chief, after their death, if they held also
of the king in chief. The escheator has disregarded the Archbishop's claim
in the case of the late Nicholas de Meynyl.*]

. . . ¹ REGIS AD SCRUTANDUM ROTULOS SUPER CUSTODIA TER-
RARUM N. MEYNIL.—Edwardus dei gracia rex Anglie dominus
Hibernie et dux Aquitanie thesaurario et baronibus suis de scaccario salutem. Ex parte venerabilis R. Cantuariensis archiepiscopi
nobis est ostensum quod cum ipse habere debeat omnes custodias
terrarum et tenementorum que de ipso racione archiepiscopatus
predicti immediate tenentur per servicium militare cum per mortem
tenencium suorum acciderint, quamquam iidem tenentes alibi de
nobis tenuerint in capite, et idem archiepiscopus ac predecessores

---

¹ The margin has been cut away, and a word is missing.

sui archiepiscopi ejusdem loci custodias hujusmodi terrarum et tenementorum tenencium suorum de eodem archiepiscopatu semper hactenus quociens acciderint habere consueverint, Ricardus de Haveringe escaetor noster ultra Trentam nulla ad predictam libertatem habita consideracione terras et tenementa, que [Fo. 267.] Nicholaus | de Meynyl jam defunctus tenuit die obitus sui in balliva ejusdem escaetoris de prefato archiepiscopo immediate racione archiepiscopatus predicti, cepit in manum nostram nomine custodie per mortem predicti Nicholai pro eo quod alibi de nobis tenuit in capite, et custodiam terrarum illarum et tenementorum prefato archiepiscopo detinet minus juste in ipsius archiepiscopi dampnum non modicum necnon et ecclesie sue Cantuariensis exheredacionis periculum manifestum. Et quia eidem archiepiscopo nolumus in hac parte aliqualiter injuriari, vobis mandamus quod scrutatis rotulis nostris de scaccario predicto eidem archiepiscopo talem statum de custodia predicta, qualem per inspeccionem rotulorum eorundem vel aliam viam racionabilem vobis constiterit ipsum et predecessores suos predictos de hujusmodi custodiis in casibus consimilibus retroactis temporibus habuisse, prout justum fuerit habere faciatis, ipsum super custodia illa indebite molestari seu inquietari minime permittentes. Teste me ipso apud Cantuariam xxix° die Maii anno regni nostri vicesimo septimo; per ipsum regem nunciante comite Lincolnie.

[*June 2nd, 1299. Record of the lands held of the Archbishop by Nicholas, son of the late Sir Nicholas de Meynyl.*]

RECOGNICIO TENURE N. MEYNIL.—Memorandum quod dominus Nicholaus filius domini Nicholai de Meynyl miles cognovit se tenere villas et maneria subscripta a domino Cantuariensi archiepiscopo in comitatu Eboracensi die martis proxima ante festum Pentecostes apud Otteford' videlicet iiij non. Junii anno domini M°. cc^{mo}. nonagesimo nono consecracionis domini Roberti Cantuariensis archiepiscopi quinto et anno regni regis Edwardi filii regis Henrici xxvij°, asserendo quod decem carucate terre faciunt unum feodum militis. Cognovit insuper idem dominus Nicholaus quod tenet omnes terras tenementa villas et maneria sua de dicto domino archiepiscopo Cantuariensi, excepto manerio de Levington' in comitatu Eboracensi quod tenet de domino rege in capite.

Idem dominus Nicholaus tenet manerium de Quervelton' in Quervelton' Sweyneby, quinque carucatas terre in dominico et in manibus tenencium suorum quatuor carucatas terre. Idem tenet manerium et villam de Semer et Brayweet; sunt ibi in dominico tres carucate terre et in manibus tenencium suorum quinque carucate terre. Idem manerium et villam de Eston'; in dominico tres carucate terre et in manibus tenencium quinque carucate et dimidia. Idem manerium et villam de Andwrek'; sunt ibi due carucate terre in dominico et in manibus tenencium tres carucate terre. Idem manerium et villam de Bo[n]yngton'; sunt ibi in dominico . tres carucate terre et in manibus tenencium quatuor carucate. Liberi tenentes ejusdem manerii de Bonyngton', prior de Brydelyngton' tenet unam carucatam terre in Freythrop. Johannes de Heseberton' et Robertus de Heseberton' tenentes manerium et villam de Louthrop, et sunt ibi in dominico quatuor carucate terre. Item Thomas de Heseberton' tenet de predicto domino Nicholao manerium et villam de Heseberton', Et sunt ibi in dominico due carucate terre.

Robertus de Bo[n]ynton' tenet duas carucatas terre in Bonington'.

Ingeramus de Bo[n]yngton' tenet unam carucatam terre in Bonington'.

Nicholaus de Bonington' tenet quatuor bovatas terre in eadem villa.

Thomas de Quervelton' tenet duas bovatas terre in eadem villa.

Willelmus de Sywardeby tenet manerium et villam de Sywardeby et sunt tres carucatas terre in dominico.

Prior de Waton' tenet duas carucatas terre in Wauzs.

Thomas de Penington' tenet duas carucatas terre in Freysthrop.

Robertus de Potho tenet villam et manerium de Potho. Et sunt in dominico tres carucate terre. Stephanus de Gouton' tenet unam carucatam terre.

Preter manerium de Grenhou quod clamat teneri de Petro Malo lacu.[1]

Summa LX carucate terre.[1]

[Fo. 267ᵛ.]

[*June 13th, 1299. Notification by the Archbishop that the papal penitenciary has absolved Simon, son of Gilbert of Walsoken in the diocese of Norwich, from the sentence of the greater excommunication which he had incurred for assaulting the rector of Walsoken, whom he caught in sin with his wife, on condition of a penance to be imposed by the Archbishop, viz. to satisfy the wounded priest for his injuries.*]

LITTERE SUPER INJUNCCIONE PENITENCIE ABSOLUTO. Universis Christi fidelibus ad quorum noticiam presens scriptura per-

---

[1] These two entries in different ink, but in the same hand.

venerit, Robertus permissione divina et cetera salutem et pacem in
domino sempiternam. Universitati vestre tenore presencium intimamus quod cum penitenciarius domini pape Simonem filium Gilberti de Walsokne Norwycensis diocesis per ipsum penitenciarium
quem pro subscripto negocio personaliter adivit, a majoris excommunicacionis sentencia qua pro violenta manuum injeccione in
Stephanum rectorem ecclesie de Walsokne presbiterum cum
uxore prefati Simonis videlicet nudum cum nuda, ut idem
S. penitenciario memorato suggessit, inventum citra sanguinis
tamen effusionem injecerat fuerat innodatus, ut idem penitenciarius
nobis scripserat absolutum pro penitencia ei super hoc injungenda
misisset, nos dicto Symoni juxta qualitatem delicti hujusmodi sic
suggesti penitenciam imposuimus salutarem; injungentes eidem
prout eciam ei penitenciarius supradictus mandaverat ut dicto leso
de ipsa injuria satisfaceret competenter. Et in testimonium premissorum has litteras nostras dicto S. patentes concessimus sigilli
nostri munimine roboratas. Datum apud Otteford' id. Junii anno
domini et cetera consecracionis et cetera.

[*June 13th, 1299. Mandate to the Bishop of Norwich, reciting the previous case
and desiring him to intervene if the wounded priest should prove difficult,
and to settle what the Bishop thought right.*]

SUPER MODERACIONE SATISFACCIONIS SI LESUS NIMIS ONEROSUM ET DIFFICILEM SE REDDAT.—Robertus permissione divina
et cetera venerabili fratri domino R. dei gracia Norwycensi episcopo salutem et fraternam in domino caritatem. Quia nuper
Simoni filio Gilberti de Walsokne et Radulpho dicto le Gardiner
laico vestre diocesis a majoris excommunicacionis sentencia, qua
pro violenta manuum injeccione in Stephanum rectorem ecclesie
de Walsokne presbiterum cum uxore prefati Simonis videlicet
nudum cum nuda, prout idem Symon penitenciario domini pape
suggessit, inventum citra sanguinis effusionem injecerant innodati
fuerunt, per ipsum penitenciarium prout nobis scripserat absolutis, et
ad nos per penitenciarium ipsum pro penitencia super hoc recipienda transmissis, penitenciam hujusmodi juxta qualitatem excessus ut supra suggesti competentem indiximus, precipientes eisdem
ut dicto leso satisfacerent competenter, fraternitati vestre mandamus ut ipsos Simonem et Radulphum sic absolutos habentes
satisfaccionem dicto leso ut superius tangitur impendendam, si
forsan idem lesus se nimis difficilem in hac parte reddiderit, faciatis
prout justum et equum esse videritis moderari et satisfieri congrue de

eodem; de quo nos certificetis idonee cum inde fueritis congrue requisiti. Datum apud Otteford' id. Junii anno domini et cetera.

[*June 13th, 1299. Mandate to the official of the Archdeacon of Oxford to take a surety from two clerks imprisoned at Oxford, under sentence of excommunication, to obey the mandates of the Church, so that their release may follow.*]

SUPER CAUCIONE RECIPIENDA AB EXCOMMUNICATIS INCARCERATIS OXON'.[1]—Robertus permissione et cetera officiali archidiaconi Oxoniensis salutem et cetera. Ad relevamen Willelmi le Leche et Johannis de Bokingham dudum auctoritate nostra excommunicatorum qui Oxon' in carcerali custodia ad denunciacionem nostram arcius detinentur per regiam potestatem, tibi committimus et mandamus quatinus recepta ab eis seu eorum nomine idonea caucione de parendo mandatis ecclesie nobis significes modum et sufficienciam caucionis predicte, et ut attenta ipsorum voluntate parendi et obediendi mandatis ecclesie ut tenentur per tuas litteras nobis super hiis cominus dirigendas liberacionis graciam a nobis consequi mereantur. Valete. Datum apud Otteford' id. Junii anno domini et cetera consecracionis nostre quinto.

[*June 12th, 1299. Letter to the Bishop of Lincoln advising him how to reply to the king's writ against the rector of Staunton, impleaded by a draper of London.*]

RESPONSIO AD LYNCOLN' CONSULTACIONEM FACTAM SUPER QUODAM BREVI REGIO CONTRA ORDINACIONEM COMMUNEM ET REGIS CONCESSIONEM IMPETRATO.—Robertus permissione et cetera venerabili fratri domino O. dei gracia Lincolniensi episcopo salutem et cetera. Ad breve regium cujus transcriptum infra litteras vestras clausum nobis transmisistis contra rectorem ecclesie de Staunton' vestre diocesis pro quodam draperio London' impetratum, sic videtur posse satis congrue responderi quod, cum placitum de quo ibi fit mencio sit commune, non debet secundum concessionem regis nuper factam de cetero curiam suam sequi, prout in magna carta libertatum plenius continetur. Intelleximus etenim per quosdam de consilio nostro qui curiam regiam frequentant quod hujusmodi responsio apud scaccarium et coram domino Rogero le Brabazon et aliis locum domini regis tenentibus non obstante obligacione partis districcioni senescalli et marescalli facta, sicut in predicto brevi fit mencio, sepius allocatur; cui responso non

---

[1] In margin, nota.

inutiliter videtur annectendum quod propter periculum excommunicacionis a nobis et suffraganeis nostris de consensu regio et aliorum regni procerum late et sollempniter tam per vos quam alios publicate ipsum breve exequi non valetis, verbis tamen super hoc materia quo ad returnum faciendum compendiose prout convenit compositis et aptatis. Valete. Datum apud Otteford' iij° id. Junii consecracionis nostre anno quinto.

[*June 24th, 1299. Notification that on receipt of a letter from the papal pen.-tenciary the Archbishop has absolved the prior and convent of Worcester from the sentence of excommunication for an offence against the bull* Clericis Laicos.]

ABSOLUCIONIS LITTERE PRIORIS ET CAPITULI ECCLESIE WYG'. A SENTENCIA EXCOMMUNICACIONIS QUAM INCURRERUNT, PROTECTIONEM REGIS BONIS ECCLESIE REDIMENDO. — Universis presentes litteras inspecturis Robertus permissione divina et cetera eternam in domino salutem. Presentavit nobis magister Willelmus de Gloucestria clericus procurator religiosorum virorum fratris Simonis [Fo. 268.] prioris ecclesie cathedralis Wygorniensis | et ejusdem loci capituli sufficienter in subscripto negocio constitutus litteras venerabilis patris domini Mathei dei gracia Portuensis et sancte Ruffine episcopi sanctissimi patris domini Bonifacii pape octavi penitenciarii tenorem qui sequitur continentes. Venerabili in Christo patri . . dei gracia archiepiscopo Cantuariensi vel ejus . . vicario in spiritualibus frater Matheus miseracione divina Portuensis et sancte Ruffine episcopus salutem et sinceram in domino caritatem. Ex parte fratris Simonis prioris ecclesie Wygorniensis ejusque capituli ordinis sancti Benedicti nobis extitit intimatum, quod ipsi dudum contra constitucionis tenorem sanctissimi patris nostri domini Bonifacii divina providencia pape octavi nunciis seu ministris . . illustris regis Anglie propter vim et metum qui cadere poterat in constantes tempore guerre subsidium tribuerunt; propter quod excommunicacionis incurrerunt sentenciam ex ipsius constitucionis tenore in omnes contrafacientes generaliter promulgatam. Et sic ligati, non in contemptum clavium sed simplicitatis errore, divina celebrarunt officia et alias se ingesserunt eisdem, super quibus supplicari fecerunt humiliter eis per sedem apostolicam salubriter de misericordia provideri. Nos igitur auctoritate et mandato domini pape cujus penitenciarie curam gerimus, vobis committimus quatinus, recepta prius ab eis idonea caucione quod Romane ecclesie et domini pape mandatis semper parebunt, a prefata excommunicacionis sentencia ipsos juxta formam ecclesie

absolvatis, injungentes eisdem penitenciam salutarem, et alia que
de jure fuerint injungenda. Et ipsis ad tempus prout expedire
videritis a suorum ordinum execucione suspensis, tandem si bone
fuerint conversacionis et vite aliudque canonicum non obsistat,
super irregularitate ex premissis contracta cum eis misericorditer
auctoritate dispensetis predicta. Datum Lateran' nonis Marcii
pontificatus domini Bonifacii pape octavi anno quinto. Nos igitur
prefatos . . priorem et capitulum a majoris excommunicacionis
sentencia supradicta, prestita nobis primitus ab eisdem idonea
caucione quod super premissis sacrosancte Romane ecclesie et
domini pape mandatis semper parebunt, auctoritate predicta nobis
in hac parte commissa in forma ecclesie absolvimus in persona sui
procuratoris predicti plenam potestatem in hoc habentis. Et quod
quilibet sic absolutus quinque dicat psalteria et totidem missas
celebret pro reformacione status ecclesie universalis, penitenciam
injunximus salutarem, volentes quod omnes hii de eodem capitulo
qui sic ligati divina officia celebrarunt a suorum execucione
ordinum per quindecim dies a tempore noticie presencium suspensi
maneant. Cum quibus extunc si aliud canonicum non obsistat
super irregularitate ea occasione contracta eadem auctoritate nobis
commissa misericorditer dispensamus. In cujus rei testimonium
sigillum nostrum presentibus est appensum. Datum apud Otteford'
viij kal. Julii anno domini et cetera consecracionis et cetera.

[*June 29th, 1299. Letter to Edward I notifying him that the Archbishop had
asked for the arrest of Thomas de Heylesdone, a chaplain under sentence of
excommunication. Meanwhile Thomas had made satisfaction, and the
Archbishop requested the king to stop proceedings taken against him.*]

LITTERA AD REGEM PRO LIBERACIONE EXCOMMUNICATI
INCARCERATI POST SATISFACCIONEM.—Excellentissimo principi
domino Edwardo dei gracia regi Anglie illustri domino Hibernie
et duci Aquitanie Robertus permissione divina et cetera salutem
in eo per quem reges regnant et principes dominantur. Quia
Thomas de Heylesdone capellanus nuper propter suam manifestam
contumaciam pariter et offensam auctoritate nostra ordinaria excommunicatus in quadam causa ad curiam nostram Cantuariensem legittime devoluta, contra quem propter suam rebellionem post
quadraginta dies invocavimus prout moris est auxilium brachii
secularis, postmodum ad gremium sancte matris ecclesie rediens de
hujusmodi contumacia et offensa deo et ecclesie satisfecit et ab
eadem excommunicacionis sentencia ob hoc absolvi meruit in forma
uris, vestre celsitudini supplicamus quatinus si ad dicti Thome

capcionem sit processum occasione premissa pro ejusdem penitentis
liberacione si placeat rescribatis. Valeat et vigeat semper in Christo
cum gaudio regia celsitudo.   Datum apud Otteford' iij kal. Julii
anno domini M°. cc^{mo}. nonagesimo nono.

---

*[July 13th, 1299. Letter to Edward I notifying him that the abbot and prior
and four other officials of Ramsey Abbey are under sentence of excommunication, and invoking the aid of the secular arm against them.]*

LITTERA PRO CAPCIONE EXCOMMUNICATORUM.—Excellentissimo principi domini Edwardo et cetera.   Excellencie vestre tenore
presencium intimamus quod Johannes de Sautre abbas Rameseye,
Reginaldus de Castr' prior, Michael Gravenhirst' supprior, Willelmus
de Grafham celerarius, Ricardus de Swafham sacrista, et Benedictus
de Walpol elemosinarius domus de Rameseye Lincolniensis diocesis
auctoritate nostra ordinaria propter suas manifestas contumacias
pariter et offensas in quadam causa ad nostram Cantuariensem
curiam per appellacionem devoluta majoris excommunica-
[Fo. 268^v.] cionis sentencia legittime innodati, in eadem | sentencia
per quadraginta dies et amplius animo indurato pertina-
citer perdurarunt et adhuc in ipsa sentencia contemptis ecclesie
clavibus perseverant. Cum igitur ecclesia ultra non habeat quid
faciat in hac parte, regie celsitudini supplicamus quatinus ad ipsorum
excommunicatorum rebelliones salubrius reprimendas excercere
dignemini contra ipsos auxilium brachii secularis ut quod
ecclesiastice nocioni in hac parte deesse dinoscitur majestatis regie
per ecclesiam implorato presidio suppleatur.   Valeat et cetera.
Datum apud Chartham iij° id. Julii anno domini et cetera.

---

*[July 13th, 1299. Letter to Edward I, notifying him that the abbot and
convent of Ramsey keep possession of the parish churches of Bury and
Ramsey by armed laymen, and requesting him to order the abbot and convent
to remove them.]*

LITTERA REGI DIRECTA AD AMOVENDUM LAICAM POTESTATEM
AB ECCLESIA.—Excellentissimo principi domino Edwardo et cetera.
Quia Johannes de Sautre abbas de Rameseye et conventus ejusdem
contra judicium curie nostre Cantuariensis dudum legittime ac rite
prolatum in quadam causa ad predictam curiam nostram Cantuariensem per appellacionem legittime devoluta necnon contra ecclesiasticam libertatem in possessione seu verius injusta detencione
ecclesiarum de Bury et Rameseye Lincolniensis diocesis se tenent
per vim laicam et armatam quo minus officium nostrum spirituale
excercere possimus ibidem, excellencie regie supplicamus quatinus

hujusmodi vim laicam et armatam amoveri auctoritate regia ut
moris est demandetis. Valeat et cetera. Datum apud Chartham iij°
id. Julii anno domini et cetera.

[*May 1st, 1299. Gift by the Archbishop of the church of Pagham to Ralph of
Malling, to hold ' in commendam'.*]

LITTERA COMMENDE ECCLESIE DE PAGEHAM.—Robertus et
cetera dilecto filio Radulpho de Malling' presbitero clerico nostro
familiari salutem graciam et benediccionem. Tam tue probitatis
merita quam eciam utilitatem ecclesie de Pageham nostre immediate
jurisdiccionis vacantis et ad nostram meram collacionem spectantis
plenius advertentes, ecclesiam ipsam de Pageham in forma Lug-
dunensis concilii per tempus in eodem concilio ad commendas
hujusmodi prefinitum, tibi tenore presencium commendamus. In
cujus rei testimonium sigillum nostrum presentibus est appensum.
Datum apud Otteford' kal. Maii anno domini M°. cc^{mo}. nonagesimo
nono consecracionis nostre quinto.

[*May 3rd, 1299. Gift by the Archbishop of a prebend of Wingham to Thomas
of Upton.*]

LITTERA COLLACIONIS PREBENDE DE WENGHAM MAGISTRO
THOME DE UPTON'.—Robertus permissione et cetera dilecto filio
magistro Thome de Upton' presbitero clerico nostro familiari
salutem et cetera. Prebendam in ecclesia collegiata de Wengham
nostre diocesis per mortem magistri Radulphi de Cnovile vacantem
et ad nostram collacionem spectantem cum omnibus juribus et
pertinenciis ad prebendam ipsam spectantibus tibi tuo perpetuo
possidendam conferimus intuitu caritatis, et de prebenda eadem cum
suis pertinenciis antedictis per nostrum anulum investimus. In cujus
et cetera. Datum apud Otteford' v° non. Maii anno domini et
cetera consecracionis nostre quinto.

[*May 3rd, 1299. Collation by the Archbishop of William of Shoreham to the
benefice attached to the celebration of high mass in the abbey church of the
nuns of Malling.*]

LITTERA COLLACIONIS BENEFICII MAGNE MISSE DE MAL-
LING'.—Robertus et cetera dilecto filio Willelmo de Schorham
presbitero salutem graciam et benediccionem. Beneficium magne
misse ecclesie conventualis monasterii monialium de Malling'
Roffensis diocesis cum suis juribus et pertinenciis vacans per

amocionem Radulphi de Brokedisch' ultimo ipsum optinentis in
visitacione nostra quam jure metropolitico in eodem monasterio
exercuimus per nos rite factam, tibi ob probitatis tue merita
conferimus et ejus possessione te presencialiter investimus canonice
per presentes. In cujus rei testimonium et cetera. Datum apud
Otteford' v° non. Maii anno domini et cetera consecracionis et
cetera.

[*July 27th, 1299. Mandate to Geoffrey de Vezano to allow a deduction from the
payment from the diocese of Rochester for the procuration of the cardinals.*]

LITTERE ALLOCACIONIS FACIENDE EPISCOPO ROFFENSI IN
SOLUCIONE PROCURACIONIS CARDINALIUM PROUT PATET.—
Robertus et cetera discreto viro magistro Giffredo de Vezano
canonico Cameracensi et camere domini pape clerico salutem
graciam et benediccionem. Quia colleccio oboli de marca bonorum
ecclesiasticorum Roffensis diocesis pro sumptibus nunciorum quos
misimus ad sedem apostolicam ad quinque marcas vix se extendit,
vobis mandamus quatinus de pecunia quam recepistis a ceteris
suffraganeis nostris de hujusmodi obolo decem marcas pro residuo
decem librarum quas venerabilis frater noster Roffensis episcopus
ante colleccionem predictam solverat in hac parte deducentes
tantumdem in solucione procuracionis cardinalium quam exigitis ab
eodem favorabiliter allocetis, ut id quod deest in sua diocesi per
hoc quod in aliis superest supleatur. Valete semper in Christo.
Datum apud Otteford' v kal. Augusti consecracionis nostre anno
quinto.

[*August 1st, 1299. Notification by the Archbishop that a case is pending in the
Court of Arches between Simon le Chamberleyn, an apostate monk of Little
Malvern priory, and his younger brother, Henry le Chamberleyn.*][1]

LITTERE TESTIMONIALES SUPER LITE PENDENTE IN CURIA
CANT' DE PROFESSIONE SYMONIS LE CHAMBERLEYN APOSTATE
IN RELIGIONE.—Universis sancte matris ecclesie filiis ad quorum
noticiam hec scriptura pervenerit. Robertus et cetera salutem et
pacem in domino sempiternam. Quia pium esse conspicimus in
hiis precipue que statum religionis et ordinis clericalis contingunt,
ubi forsan ex ignorancia poterit quo ad animarum salutem iminere
periculum veritati testimonium perhibere, attendentes ex suggestione
Henrici le Chamberleyn et ex aliorum fidedignorum relatu quod

---

[1] Cf. *Register of Godfrey Giffard*, ed. J. W. Willis Bund, pp. 496, 499, 503–5,
Worcestershire Historical Society.

Simon le Chamberleyn dudum in monasterio seu prioratu Minoris
Malvernie Wygorniensis diocesis habitum monachalem assumens et
per multa tempora gerens ordinemque sancti Benedicti professus
ibidem, ad seculum postmodum illicite rediens et secularem
habitum assumens ut secularis laicus se puplice gerit et secularibus
actibus contra sue religionis debitum ut dicitur se immiscet, universitati vestre tenore presencium intimamus quod super statu
           ipsius Simonis quo ad suam professionem premissam causa
[Fo. 269.] appellacionis | inter dictum Henricum fratrem juniorem
           ejusdem Simonis partem appellantem ex parte una et
ipsum Simonem partem appellantem ex altera pendet in nostra
Cantuariensi curia indecisa.   In cujus et cetera.   Datum apud
Maydestan kal. Augusti anno domini et cetera.

[*July 29th, 1299.   Appointment by the Archbishop of a special commission to try
the case in the Court of Arches between two claimants to the church of
Silverton, in the diocese of Exeter.*]

COMMISSIO SPECIALIS FACTA IN CAUSA MAGISTRI R. DE
SANCTO CONSTANINO SUPER ECCLESIA DE SELFERTON'.—Robertus
permissione et cetera dilectis filiis magistris Ricardo de Morcestria
Willelmo de Glovernia clericis nostris familiaribus ac causarum
curie nostre auditoribus et Reginaldo de Heyton' curie nostre
Cantuariensis apud ecclesiam beate Marie de Arcubus Londonie
examinatori salutem graciam et benediccionem.   Ad audiendum et
fine debito terminandum causam que vertitur et agitatur in curia
nostra Cantuariensi predicta de Arcubus super ecclesia de Selferton'
Exoniensis diocesis inter magistrum Rogerum de Sancto Constantino actorem ex parte una et dominum Rogerum de Leycestria [1]
ipsius ecclesie possessioni ut dicitur incumbentem ex altera, necnon ad admittendum eundem magistrum Rogerum ad prefatam
ecclesiam de Selferton' si eventus ipsius cause hoc exigat et requirat
ac eciam instituendum ipsum in eadem et in possessionem corporalem ejusdem ecclesie inducendum per vos aut alios, ceteraque
omnia faciendum in hac parte que de jure incumbunt aut fuerint
oportuna, vobis et cuilibet vestrum divisim vices nostras committimus
cum cohercionis canonice potestate.   Datum apud Otteford' iiij°
kal. Augusti anno domini M°. cc^{mo}. nonagesimo nono consecracionis
nostre quinto.

---

[1] Instituted to Silverton 22 August 1272, cf. *Registers of Bronescombe, Quivil
and Bytton*, ed. F. C. Hingeston-Randolph, p. 181.

[*August 2nd, 1299.   Mandate to the official of the Bishop of Exeter and William
de Puntingdon', canon of Exeter, to execute the sentence of the Court of
Arches in the preceding case, that Roger of St. Constantine is the rightful
rector of Silverton.*]

EXECUCIO PER DOMINUM CANT' COMMISSA SUPER SENTENCIA
DIFFINITIVA LATA IN EADEM CAUSA.—Robertus et cetera filiis . .
officiali domini Exoniensis episcopi et Willelmo de Puntingdon'
canonico in ecclesia Exoniensi salutem et cetera.   Cum in causa
super ecclesia de Selferton' Exoniensis diocesis primo coram
vobis . . officiali Exoniensi predicto et vestris commissariis mota
et aliquamdiu agitata inter magistrum Rogerum de Sancto
Constantino clericum ad eandem ecclesiam presentatum actorem
ex parte una et dominum Rogerum de Leycestria ejusdem ecclesie
de Selferton' possessioni incumbentem reum ex altera, et demum
per appellacionem dicti domini Rogeri de Leycestria et consensum
partium ad curiam nostram Cantuariensem legitime devoluta et in
eadem curia diucius ventilata magistris Willemo de Gloucestria
clerico nostro familiari et causarum curie nostre generali auditori
ac Reginaldo de Heyton' curie nostre Cantuariensis examinatori
generali terminacionem dicte cause et sentencie prolacionem in
eadem duxerimus specialiter committendam, iidem commissarii
nostri legitime procedentes prefatam ecclesiam de Selferton'
tempore presentacionis dicti magistri Rogeri de sancto Constantino
fuisse et esse de jure vacantem sentencialiter et diffinitive de-
claraverunt, prefatumque Rogerum de Leycestria a possessione
ejusdem ecclesie quatenus eidem de facto incumbit amovendum esse
decreverunt, et amoverunt per decretum, et dictum magistrum
Rogerum de sancto Constantino ad eandem ecclesiam admiserunt
et rectorem canonice instituerunt in eadem ac ipsius ecclesie
possessione investiverunt eundem ; sepefacto Rogero de Leycestria
super ipsa ecclesia perpetuum silencium imponentes, ipsumque
Rogerum de Leycestria in fructibus a tempore litis contestate
perceptis si exstent, alioquin in eorum estimacione, necnon in
viginti marcis argenti expensarum nomine in lite moderate factarum
taxatis et juratis mediante justicia vice et auctoritate nostra prenotata codempnaverunt.   Quocirca vobis conjunctim et divisim in
virtute obediencie et sub pena canonice districcionis firmiter
injungendo mandamus quatinus hujusmodi sentenciam sic fuisse et
esse latam publice nunciantes, prefatum magistrum Rogerum de
sancto Constantino in corporalem possessionem ecclesie de Selfreton'
predicte, amoto ab eodem dicto domino Rogero de Leycestria et
quolibet alio illicito detentore inducatis seu induci faciatis et

defendatis inductum, contradictores et rebelles per suspensionis et excommunicacionis sentencias et quascumque alias censuras ecclesiasticas per quas melius videritis expedire vice et auctoritate nostra compescendo. Inhibeatis insuper seu inhiberi faciatis omnibus et singulis parochianis ecclesie de Selfreton' predicte ne dicto domino Rogero de Leycestria tanquam rectori aliqualiter intendant vel eidem aut alteri cuicumque ipsius nomine de decimis et oblacionibus quicquam persolvant, sed dicto magistro Rogero de sancto Constantino tanquam vero rectori ejusdem ecclesie et ejus procuratori decimas et oblaciones ad ipsam ecclesiam pertinentes integraliter exsolvant, sub pena excommunicacionis majoris quam in personas contradicencium proferimus in hiis scriptis si vestris monicionibus, immo nostris pocius, contempserint obedire. Moneatis eciam et efficaciter inducatis moneri seu induci faciatis predictum dominum Rogerum de Leycestria quod de fructibus antedictis seu eorum estimacione necnon de dictis viginti marcis expensarum nomine ut premittitur adjudicatis predicto magistro Rogero de sancto Constantino infra duos menses a tempore monicionis vestre

sibi canonice faciende satisfaciat competenter; alioquin [Fo. 269ᵛ.] ipsum dominum Rogerum | de Leycestria extunc quem

nos exnunc in hiis scriptis excommunicamus sic excommunicatum esse publice et solempniter denuncietis et denunciari faciatis diebus et locis in quibus visum fuerit expedire, et per partem dicti magistri Rogeri de sancto Constantino fueritis congrue requisiti. Quid autem in premissis duxeritis faciendum nos cum ex parte dicti magistri Rogeri de sancto Constantino vos commode requiri contigerit, per litteras vestras patentes harum et processus vestri seriem una cum nominibus ipsorum quos culpabiles inveneritis in hoc casu, de quibus diligencius inquiratis, continentes certificetis, vel certificet alter vestrum qui presens mandatum nostrum receperit et illud fuerit executus. Datum apud Maydestan iiij° non. Augusti et cetera.

[*July 18th, 1299. Mandate to the Archbishop's commissary to warn those persons who have entered the rectory and buildings of Reculver and its chapels and carried off the rector's property to withdraw and make restitution, subject to sentence of excommunication.*]

GENERALIS PUBLICACIO EXCOMMUNICACIONIS CONTRA INTRUSORES IN ECCLESIAM DE RECOLVERE.—Robertus et cetera dilecto filio magistro Martino commissario nostro Cantuariensi salutem et cetera. Ex insinuacione Thome de Chartham rectoris ecclesie de Ralcovere ac ex fidedignorum frequenti relatu famaque didicimus referente quod nonnulli iniquitatis filii in multitudine copiosa mansum et domos ad rectoriam ecclesie parochialis de Racolvere ac capellarum suarum nostre diocesis spectantes, portas et hostia confringentes de die in conspectu populi ausu sacrilego se nuper temeritate propria notorie intruserunt, bona predicti rectoris ibidem inventa sine permissu eorum qui ipsorum custodie per dictum rectorem fuerant deputati dissipando et illicite contrectando, easdemque domos adhuc sic dampnabiliter detinent occupatas in ejusdem rectoris non modicum prejudicium emunitatis [1] et libertatis ecclesiastice lesionem ac scandalum plurimorum, quos non ambigitur majoris excommunicacionis sentenciam ipso facto tam detestabili proculdubio incurrisse.   Nolentes igitur tam enormi celeris [1] perpetratum conniventibus oculis relinquere inpunitum, sed pocius tales manifestos sacrilegos a suis presumpcionibus hujusmodi pestiferis quantum possumus cohibere, et ex nostre solicitudinis cura ecclesias nobis subditas earumque rectores et tantis oppressionibus et molestiis relevare ac in tranquillitatis dulcedine prout ad nos attinet confovere, tibi committimus et mandamus quatinus legittima monicione premissa quod omnes malefactores predicti ab hujusmodi locis et domibus ecclesiasticis sine mora totaliter recedentes et a presumpcionibus tam nephariis desistentes pro commissis deo et ecclesie congruam satisfaccionem impendant, majoris excommunicacionis sentencia auctoritate nostra in genere si non paruerint pulsatis campanis candelis accensis percellas eosdem.   Et nichilominus in majoris excommunicacionis sentenciam quam ut premittitur ipso facto incurrerunt in genere denuncies et denunciari facias publice et solempniter ipsos eorumque auctores complices et fautores incidisse in dicta ecclesia et capellis suis ac aliis ecclesiis convicinis temporibus oportunis.   De nominibus eorum omnium inquirendo et quos in hiis facto consensu seu auctoritate per inquisicionem noveris deliquisse, cites peremptorie eosdem quod compareant coram nobis proximo die juridico post festum sancti Jacobi apostoli ubicumque tunc et cetera, proposituri et ostensuri precise quare specialiter et nominatim ipsos per te sic excommunicatos esse auctoritate nostra et in dictam excommunicacionis sentenciam, quam ipso facto ut premittitur incurrerunt, eosdem incidisse specialiter et nominatim pronunciare et publicare minime debeamus, ulteriusque facturi et recepturi in premissis quod justum fuerit et ordo postulaverit racionis, cum continuacione et prorogacione dierum prout natura et qualitas hujusmodi facti

---

[1] Sic MS.

notorii exigit et requirit. Inhibeas insuper publice omnibus
parochianis dicte ecclesie et capellarum ejus ne quis cuiquam de
malefactoribus predictis aliqua jura parochialia persolvat, vel eorum
occasione quicquam vero rectori predicto nostra auctoritate insti-
tuto in eadem ecclesia subtrahat de pertinentibus ad eum racione
rectorie ecclesie memorate, sed in omnibus eum agnoscant pro
rectore sub pena excommunicacionis majoris quam in contravenientes proferimus in hiis scriptis. De die vero recepcionis
presencium et quid feceris in premissis, nos dictis die et loco
certifices distincte et aperte per tuas patentes litteras et cetera.
Datum apud Maydestan xv° kal. Augusti anno et cetera.

[*July 24th, 1299. Mandate to the Archbishop's commissary that proclamation
is to be made on Sundays and festivals in the church of Reculver and its
chapels that the parishioners shall not pay tithes to any other person than
the rightful rector, Thomas of Chartham.*]

INHIBICIO NE QUIS SOLVAT DECIMAS DICTIS INTRUSORIBUS
CUM INQUISICIONE ET CITACIONE CONTRAVENIENCIUM.—Robertus
et cetera dilecto filio magistro Martino commissario nostro
Cantuariensi salutem et cetera. Quia ut ex vehementi fama et ex
plurium fidedignorum cerciore relatu cujus eciam tocius
[Fo. 270.] vicinie clamor ingens testimonium perhibere dinoscitur,|
nuper accepimus et per totam nostram Cantuariensem
diocesim manifestum publicum ac notorium reputatur, nonnulli
nequicie filii nomine ac auctoritate et mandato speciali ut asserunt et
pretendunt domini Johannis de Langeton' qui ecclesie de Racolvere
nostre diocesis dudum asseruit et asserit se rectorem, licet jus in
eadem non habeat vel ad eam, in domibus rectorie ejusdem ecclesie
non est diu hostiliter irruentes et adhuc de facto se tenentes ut
dicitur in eisdem ac homines et servientes domini Thome de
Chartham, cui ecclesiam ipsam omnino vacantem et ad nostram
meram collacionem spectantem rite contulimus, et in possessionem
vacuam ejusdem ecclesie induci fecimus corporalem quique eandem
ecclesiam cum suis juribus ac pertinenciis diucius tanquam rector
ipsius pacifice tenuit et possedit, a prefatis domibus per laicalem
potenciam expellentes, decimas et proventus dicte ecclesie autump-
nales quorum colleccionis tempus instat et diebus singulis futuris
proximo jam instabit per dictam intrusionem seu occupacionem ut
pretangitur violentam nomine prefati domini Johannis pro parte
perceperant, et prout ex violenta presumpcione conjicitur ac
timetur nequiter occupare percipere ac asportare proponunt,
censuras ecclesiasticas sicut veraciter creditur non verentes. Ut

eorum ac ceterorum in hac parte complicum suorum malicie sic
concepte caucius obvietur, tibi committimus et mandamus quatinus
diebus dominicis et festivis proximis post recepcionem presencium
necnon diebus aliis quibus id videris oportunum in prefata ecclesia de
Racolvere et singulis ejusdem capellis videlicet de Herne, de Hothe,
et sancti Nicholai ac Omnium Sanctorum in Taneto publice intra
missarum solempnia in genere facias inhiberi, ne quis fructus aut
proventus predictos nomine prefati domini Johannis aut alterius
quam veri rectoris predicti quoquo modo percipiat occupet vel
abducat, aut sic occupantibus percipientibus vel abducentibus clam
vel palam super hoc prestet consilium auxilium vel favorem.
Parochianis insuper ejusdem ecclesie pupplice inhibeas et facias
inhiberi ne per assignacionem certarum decimarum vel separa-
cionem earundem aut modis aliis quibuscumque ex certa sciencia et
per maliciam quicquam faciant vel attemptent, aut quatenus in eis
est fieri vel attemptari permittant, per quod malefactoribus antedictis oportunitas detur aut pateat fructus vel proventus prefate
ecclesie ut superius tangitur occupandi, sub pena excommunicacionis majoris quam in occupatores perceptores et abductores
predictos eorumque ut predicitur complices et fautores necnon et
in omnes ac singulos parochianos hujusmodi qui scienter prefatis
malefactoribus facultatem seu oportunitatem sic delinquendi contra
inhibicionem premissam prestiterint, exnunc proferimus in hiis
scriptis. Solicites eciam moneas et inducas omnes et singulos
parochianos dicte ecclesie et capellarum ejus propter evitando
pericula que possent ex premissis contingere, et que iidem
parochiani tanquam grati filii sue matricis ecclesie totis viribus
evitare tenentur, ut de suis bladis ac ceteris rebus que et quas
decimare debentur, in autumpno jam instanti expresse non deci-
ment, sed previsa quantitate decimarum hujusmodi decimas ipsas a
novem partibus non separatas nec expresse distinctas penes se inter
cetera bona sua retineant, ut inde possint vero rectori prefate
ecclesie cum super hoc per partem ipsius requisiti extiterint
congrue respondere. De nominibus quoque dictorum parochianorum contra dictam inhibicionem veniencium quociens super hoc
fueris congrue requisitus diligenter inquirens, omnes illos qui inde
convicti extiterint aut notati citari facias peremptorie quod die
idoneo per te juxta negocii qualitatem statuendo eisdem ubicumque
tunc et cetera, sufficienter coram nobis compareant super sibi
obiciendis quo ad premissa ex nostro officio de veritate dicenda
personaliter juraturi et dicturi super hiis sub hujusmodi juramento
quam noverint veritatem, penamque pro demeritis recepturi ac

facturi ulterius super eis quod fuerit consonum equitati. De die vero recepcionis presencium et quid feceris in premissis necnon de nominibus hujusmodi citatorum, si qui fuerint, nos plene et distincte certifices cum de hoc rite interpellatus extiteris aut videris oportunum. Datum apud Otteford' ix kal. Augusti anno et cetera.

[Fol. 270ᵛ.]

[August 6th, 1299. Mandate to the dean of Lincoln to cite John de Langton, canon of Lincoln, who has wrongfully taken possession of the church of Reculver for four years, to appear before the Archbishop on Sept. 18th.]

CITACIO J. DE LANGTON' SUPER INTRUSIONE ECCLESIE DE RACULVERE.—Robertus permissione divina et cetera dilecto filio . . decano ecclesie Lincolniensis vel ejus locum tenentis salutem et cetera. Quia ut ex plurium fidedignorum certiore relatu cujus eciam tocius vicinie clamor ingens testimonium perhibere dinoscitur, necnon per diversa certificatoria executorum quedam mandata nostra eis in hac parte directa exsequencium, nuper accepimus et per totam nostram Cantuariensem diocesim necnon in plerisque aliis locis vicinis manifestum publicum ac notorium reputatur, Johannes de Langeton' canonicus Lincolniensis qui ecclesie de Raculvere nostre diocesis dudum asseruit et adhuc ut dicitur asserit se rectorem, licet et judicialiter declaratum fuisset ipsum Johannem jus non habere in ea et ab eadem ecclesia quatenus possessioni seu verius detentacioni ejusdem de facto incubuit per processum legittimum sit amotus, se nichilominus in eandem ecclesiam seu domos rectorie ejusdem per potenciam laicalem recenter intrusit seu procuravit intrudi aut intrusionem hujusmodi violentam suo nomine factam postmodum ratam habuit et acceptam, necnon homines et servientes Thome de Chertham presbiteri, cui memoratam ecclesiam de Racolvere de jure et de facto vacantem rite contulimus et in possessionem ejusdem ecclesie vacuam induci fecimus corporalem, quamque ecclesiam cum capellis dependentibus ab eadem et earum juribus universis idem Thomas per collacionem ac induccionem hujusmodi tanquam rector pacifice tenuit et diu possedit, a domibus rectorie ipsius ecclesie violenter eiciens seu eici faciens aut procurans, ipsamve ejeccionem suo nomine factam ex post facto ratificans et acceptans intrusionem eandem ut dicitur hucusque continuare presumit, fructus ac proventus sepedicte ecclesie per intrusionem eandem contra voluntatem dicti rectoris suorumve ministrorum et eciam contra libertatem et immunitatem ecclesie, diebus singulis pro magna parte percipiens et ampliores proventus hujusmodi in autumno presenti ut violenta presumpcione timetur per injuriam ipsam nitens ac moliens occupare, in majoris excommunicacionis sentenciam contra violatores jurium ac libertatum ecclesie incidens ipso facto, qui eciam Johannes fructus et proventus prefate ecclesie de Racolvere per quadrennium et amplius injuste percepit et pro sua voluntate consumpsit illicite et distraxit. Super quibus omnibus intendimus ex officio nostro ad defensionem ac tuicionem et reformacionem idoneam status ac jurium et libertatum ecclesie, prout ejusdem officii debitum nos astringit, in canonica forma contra eundem Johannem procedere et facere super hiis quod est justum. Quocirca vobis committimus et mandamus quatinus prefatum Johannem canonicum Lincolniensem si reperiatur, alioquin suum procuratorem si quem ibidem dimiserit, peremptorie citetis seu citari faciatis. Et nichilominus edictum citacionis hujusmodi in choro et capitulo Lincolniensis ecclesie aliquo die solempni in presencia canonicorum ac ceterorum ministrorum ipsius ecclesie publicetis seu faciatis solempniter publicari, quod idem Johannes die veneris proxima post festum Exaltacionis sancte Crucis ubicunque tunc et cetera, quem terminum propter animarum periculum ita brevem et peremptorium eidem duximus moderandum, coram nobis sufficienter compareat de premissis que sibi obicimus ex nostro officio juxta juris exigenciam responsurus et de veritate dicenda super hiis personaliter aut, si per occupaciones arduas servicii domini regis ea vice impeditus extiterit, per procuratorem de premissis omnibus sufficienter instructum ac alias ad eadem idoneum juraturus, et ad interrogaciones circa premissa faciendas eidem sub juramento hujusmodi congrue responsurus facturus et recepturus ulterius in hac parte quod canonicum fuerit et consonum equitati. Et ut tunc veniat sufficienter instructus, mandati presentis copiam loco exposicionis articulorum seu capitulorum super quibus intendimus ut supra contra eum procedere, sub vestro sigillo fieri faciatis eidem et sibi si sit presens, alioquin suo procuratori vel in ejus defectum suo vicario in prefata Lincolniensi ecclesia, cum effectu patenter offerri. De die vero recepcionis presencium et quid feceritis in premissis, nos dictis die et loco distincte et aperte per singula certificetis per vestras patentes litteras harum seriem continentes. Datum apud Aldington' viij id. Augusti anno domini M°. cc^{mo}. nonagesimo nono consecracionis nostre quinto.

[*Similar letters to the deans of Chichester and Salisbury and the Archbishop's commissary for the diocese of Canterbury.*]

ITEM SUPER EODEM.—Item consimilis littera exivit . . decano ecclesie Cycestrensis. Item consimilis emanavit decano ecclesie Sarisbiriensis. Item consimilis littera exivit magistro Martino commissario Cantuariensi ad faciendum in ecclesia de Racolvere et capellis ejusdem.

[Fo. 271.]

[Record of the Archbishop's payment of £3,568 10s. 4d. to the exchequer for the crops, stores, etc., of the manors in the hands of the crown during the vacancy of the See.]

Persolucio debit im^{l}m^{l}m^l · d · lxviii li. x s. iiij d. In quibus Robertus Cantuariensis archiepiscopus tenebatur domino regi pro bladis et aliis bonis et cetera sibi venditis. Et nichil inde restat solvendum ut patet huc. In magno rotulo anno xxvj°.

Robertus archiepiscopus Cantuariensis tocius Anglie primas reddit compotum de m^{l}m^{l}m^l · d · lxviij li. x s. iiij d. pro bladis tam in terris seminatis quam in grangiis et in granariis in archiepiscopatu Cantuariensi existentibus et in stauris et aliis diversis eidem archiepiscopo per Radulphum de Berners et David le Graunt custodes archiepiscopatus ejusdem venditis. In thesauro m^{l}m^l · c · iiij^{xx} · j li. xv s. xj d. ob. per ix tallias, et lxv li. viij s. iiij d. per Adam de Fuleham et Thomam de Suffolk' vicecomites London' in ij talliis. Item in thesauro c · l li. per ipsum archiepiscopum in j tallia. Et in recompens' cccc · xlvij li. xs. ij d. quos Willelmus Trussel vicecomes Kancie levavit de bonis et catallis laicorum feodorum predicti archiepiscopi in comitatu Kancie de quibus idem archiepiscopus debet habere allocanciam per breve regis cccc·xlvij li. x s. ij d. Et debet dcc · xxiij li. xv s. v d. ob. De quibus allocantur ei cccc · iij li. xv s. xi d. per ij tallias nomine ejusdem archiepicopi. Et ccc li. per Willelmum Trussel vicecomitem. Et xx li. per Robertum de Glamorgan vicecomitem Surreye. Et sic habet de suppl' ob.

[August 13, 1299. Mandate to the Archbishop's commissary, to publish the excommunication in the church of Reculver and its chapels of those persons who have carried off the Archbishop's crops and hunted rabbits and hares in his warren.]

AD PUBLICANDUM SENTENCIAM CONTRA OCCUPANTES BLADA ARCHIEPISCOPI ET CAPIENTES CUNICULOS ET CETERA.—Robertus et cetera magistro Martino commissario nostro Cantuariensi salutem et cetera. Ad audienciam nostram fama providorum publica nunciante pervenit quod quidam perdicionis filii, qui nuper in ecclesiam de Ralcolvere cum capellis et domos rectorie ejusdem se intruserant, more reproborum de malo in deterius suorum pondere viciorum gradatim misere prolabentes prefata injuria et nequicia furibunda non contenti, blada nostra in campis auctoritate

propria nobis insciis nostrisque ibidem ministris reclamantibus et
invitis metunt et a nostro solo violenter apportando consumunt;
cuniculos et lepores in nostra warenna cum balistis et arcubus
sagittantes pro magna parte destruere ut dicitur non formidant,
terrores et minas tam mortis quam corporis cruciatus nostris
ballivis et servientibus ibidem indies per potestatem laicalem
incutere non desistunt, quod blada nostra a solo proprio cariare
non permittent, nisi iidem sacrilegi primitus de ipsis capiant pro
libito voluntatis; quos cum eorum auctoribus, fauctoribus et
complicibus dubium non est in sentenciam canonis contra violatores libertatis ecclesiastice promulgatam dampnabiliter incidisse.
Nolentes igitur sicut nec debemus tantum facinus tociens et tot
modis variis et excogitatis nequiter excrescens conniventibus oculis
preterire inpunitum, tibi committimus et firmiter injungendo mandamus quatinus eosdem malefactores cum auctoribus eorundem
fauctoribus et complicibus in sentenciam excommunicacionis majoris
a canone ut permittitur latam denuncies incidisse; ipsosque in dicta
ecclesia de Racolvere et capellis ab ea dependentibus si fieri poterit,
alioquin in aliis ecclesiis proximis convicinis, diebus solempnibus et
festivis intra missarum solempnia coram clero et populo sic in
genere excommunicatos fuisse et esse promulges seu facias per alios
publice promulgari.   De nominibus vero hujusmodi perversorum
auctorum complicium et fautorum diligenti cautela adhibita inquirendo, et quos culpabiles inveneris in hac parte nominatim
excommunicatos esse denuncies, ipsos tamen nichilominus citando
seu citari faciendo peremptorie quod compareant coram nobis
tercio die juridico post festum Nativitatis beate virginis ubicumque
tunc et cetera, super hujusmodi facinore personaliter juraturi et
nobis quibusdam interrogatoriis ex officio faciendis eisdem,
responsuri facturi et recepturi quod justicia suadebit, quem eciam
terminum tempore messium et in primo citacionis edicto peremptorium propter facti enormitatem et animarum periculum diucius
in excommunicacione commorancium deliberacione prehabita ipsis
duximus assignandum; vicario insuper ecclesie de Racolvere et
suis capellanis tam in ecclesia predicta quam in ejus capellis divina
celebrantibus sub pena excommunicacionis quam exnunc in
contravenientes proferimus in hiis scriptis inhibeas seu facias
firmiter inhiberi, ne in presencia dictorum sacrilegorum tam nunc
    quam alias nominatim excommunicatorum vel alicujus
[Fo. 271ᵛ.] eorundem divina | officia celebrent seu faciant aliqualiter
    celebrari.   Et hoc si nominatim excommunicati seu
denunciati ab aliis quomodolibet poterunt separari, si vero decerni

vel segregari non poterunt ne pretextu liciti illicitum aliquod
committatur, quocumque dictorum sceleratorum assistente sub
pena prenotata divina celebrari penitus prohibemus, cum omnes
hujusmodi malefactores licet non denunciatos nominatim excommunicatos tamen reputemus. Si vero contingat quod ad dictam
ecclesiam et ejus capellas secure accedere non poteris, prefatum
vicarium de Racolvere et ejus capellanos ubicumque celebrantes,
coram te loco securo facias conveniri, mandatum nostrum eisdem et
eorum singulis sub pena superius annotata exponens in singulis
suis articulis prout eis possibile fuerit exequendum. Et quid feceris
in premissis necnon de nominibus dictorum malefactorum eorum
complicum auctorum et fautorum in hac parte nos dictis die et loco
et cetera. Datum apud Aldington' id. Augusti anno domini et
cetera.

[*June 14th, 1298. Settlement by the Archbishop of a dispute about tithes between the rector of Kingsnorth and a parishioner.*]

ORDINACIO DE KYNGESSNODE.[1]—In dei nomine amen. Nuper
coram nobis Roberto dei gracia Cantuariensi archiepiscopo tocius
Anglie primate decanatum de Lymene nostre Cantuariensis diocesis
visitantibus inter magistrum Willelmum rectorem ecclesie de
Kyngessnode dicti decanatus et Robertum de Kyngessnode
parochianum suum super decimarum majorum et minorum subtraccione et modo decimandi gravi dissencionis materia suscitata,
tandem eedem partes coram nobis in ecclesia de Lymynge die
Lune proxima post festum omnium sanctorum anno domini M°. cc^mo.
nonagesimo septimo in judicio personaliter constitute pro bono
pacis et tranquillitatis se nostre ordinacioni super omnibus querelis
dissensionibus et litibus occasione premissorum subortis alte et
basse pure et simpliciter submiserunt, jurantes corporaliter tactis
sacrosanctis se nostre ordinacioni in hac parte faciende in omnibus
parere velle et ipsam in omnibus suis articulis firmiter observare
sub pena excommunicacionis et decem marcarum nostre elemosine
solvendarum a parte non parente. Qua submissione parcium
predictarum a nobis admissa auditis et plenius discussis querelis et
peticionibus earundem parcium hinc et inde, demum nos Robertus
permissione divina archiepiscopus supradictus sic inter eas pro
sedandis controversiis duximus ordinandum. In primis quod idem
Robertus de pannagio et de pastura sua vendita veram et integram
decimam dicto rectori in futurum persolvat. Item ordinamus et

---

[1] Hand in margin.

firmiter observari precipimus quod idem Robertus, quando dat
messoribus suis decimam garbam pro labore et coppat bladum
suum in eadem parochia, solvat rectori suo nonam coppam que
similis sit in qualitate et quantitate quatenus est possibile ceteris
coppis. Si vero non coppet, det eidem rectori pro decima nonam
garbam. Volumus eciam et ordinamus quod dictus rector decetero
possit decimas suas bladorum et feni libere ducere et cariare per
loca singula per que idem Robertus sua blada facit abducere eciam
si per mediam curiam suam, dum tamen idem rector ita commode
per alia loca nequeat pertransire. Et quod decetero liceat eidem
rectori libere viam consuetam habere per locum qui vocatur
Esthetthe in eadem parochia ad cariandum decimas suas ut solebat
sine aliquo impedimento dicti Roberti vel suorum. Item ordinando
decernimus quod idem Robertus decimas veras et integras sui feni
decetero plene persolvat dicto rectori, et quod eidem rectori
satisfaciat de suis decimis quas arestavit, necnon et quod eidem
satisfaciat de decimis occupatis illicite et subtractis a tempore orte
contencionis inter eosdem et submissionis sue hujusmodi nobis
facte. Ordinamus insuper quod idem Robertus de caseo suo bene
salsato et siccato veram decimam solvat rectori suo predicto. Et
quod de decem vitulis det unum de mediocribus, et de septem
similiter unum de mediocribus solvat pro decima suo rectori. Et
rector pro residuis tribus deficientibus de decem solvat eidem
Roberto tres obolos. Si vero fuerint sex tamen vituli vel infra,
solvat idem Robertus pro quolibet capite infra ablactacionem
rectori pro decima unum obolum. Et si vendatur vitulus tempore
ablactionis, solvatur pro decima decimus denarius. Et ulterius vera
decima ipsius precii ex vendicione recepti. Si autem non vendatur,
solvatur pro decima unus obolus. De apibus quoque suis seu de
proventibus ex eisdem solvat idem Robertus decetero veram
decimam. Insuper ordinando inhibemus eidem Roberto ne in-
hibeat decetero parochianis ejusdem ecclesie vel aliis ex devocione
volentibus cum puero baptizato denarium offerre vel alias
[Fo. 272.] quascumque oblaciones ex devocione facere quominus piam |
suam voluntatem compleant, nec eos inducat ad hujusmodi
beneficiorum subtraccionem vel solicitet quoquo modo sub pena
excommunicacionis, quam si contravenerit, poterit non immerito
formidare. In testimonium vero premissorum ad instanciam parcium
predictarum sigillum nostrum presentibus est appensum. Actum
et datum apud Cherring' xviij kal. Julii anno domini M.cc^{mo}.
nonagesimo octavo consecracionis nostre quarto.

[*September 23rd, 1299. Notification by the Archbishop to all the clergy and laity of the archdeaconry of Canterbury to obey John de Langton. The late archdeacon has been preferred*[1] *to the see of Dublin at the papal curia, and the pope has therefore provided John de Langton to the archdeaconry of Canterbury.*]

QUOD SUBDITI ARCHIDIACONATUS CANTUAR'OBEDIANT DOMINO J. DE LANGETON'.—Robertus permissione et cetera dilectis in Christo filiis . . abbatibus . . prioribus . . decanis . . rectoribus et vicariis ecclesiarum ac ceteris omnibus tam clericis quam laicis jurisdiccioni archidiaconatus Cantuariensis subjectis salutem graciam et benediccionem. Quia dictum Johannem de Langeton', cui de dicto archidiaconatu olim in Romana curia per consecracionem venerabilis patris magistri Ricardi de Fering' Dublinensis archiepiscopi vacante per sedem apostolicam est provisum, auctoritate ejusdem sedis admisimus ad archidiaconatum predictum ipsius possessionem cum quibuscumque juribus et pertinenciis ad ipsum spectantibus libere assignando, vobis injungimus et mandamus quatinus prefato domino Johanni suoque . . officiali in omnibus que ad jurisdiccionem hujusmodi archidiaconalem pertinent intendentes, eisdem curetis super hiis juxta sancciones canonicas in omnibus obedire. In cujus rei testimonio sigillum nostrum presentibus est appensum. Datum apud Wengham ix kal. Octobris anno domini M°. cc^{mo}. nonagesimo nono consecracionis nostre sexto.

[*October 4th, 1299. Mandate to the dean of Pagham to publish in the churches of the rural deanery the excommunication of those persons who have taken possession of the rectory and buildings of Pagham by force.*]

GENERALIS DENUNCIACIO. EXCOMMUNICACIONIS CONTRA INTRUSORES IN ECCLESIA DE PAGEHAM.—Robertus et cetera decano de Pageham salutem. Ex querela magistri Radulphi de Malling' rectoris ecclesie de Pageham nostre immediate jurisdiccionis ac recenti fidedignorum relatu didicimus quod nonnulli malignitatis filii in multitudine copiosa domos rectorie ecclesie parochialis de Pageham supradicte ejectis violenter ministris et familiaribus dicti rectoris suo nomine ibidem existentibus in conspectu populi ausu sacrilego temere invaserunt seu propria temeritate se pocius in eisdem notorie intruserunt, bona dicte ecclesie ad ejusdem rectorem pertinencia contra voluntatem dictorum ministrorum, qui eorum custodie fuerant deputati, consumendo et illicite contrectando de die in diem in emunitatis et libertatis ecclesiastice lesionem, quarum

----

[1] Sexti Decret. Lib. III, tit. IV, cap. ii, *Corpus Juris Canonici,* ed. Friedberg, vol. ii, p. 1021.

violatores et perturbatores non ambigitur majoris excommunicacionis sentenciam dampnabiliter incurrisse ipso facto. Volentes
igitur tam manifestos sacrilegos ab hujusmodi presumpcionibus
nephariis tanto districcius cohibere quanto consimilis delicti fre-
quencia detestabilis in dies majus inducit periculum animarum, tibi
committimus et mandamus quatinus, legittima monicione premissa
quod omnes malefactores predicti ab hujusmodi domibus ecclesiasticis sine mora totaliter recedentes, et a tam nephariis presumpcionibus desistentes deo et ecclesie pro commissis satisfaciant competenter, majoris excommunicacionis sentenciam auctoritate nostra
in genere contra non parentes pulsatis campanis et candelis accensis
canonice proferas sine mora. Et nichilominus eosdem sacrilegos et
libertatis ecclesiastice violatores ipsorumque auctores complices et
fauctores denuncies et denunciari facias puplice et sollempniter in
dicta ecclesia de Pageham et singulis aliis ecclesiis tui decanatus in
majoris excommunicacionis sentenciam, quam ut premittitur ipso
facto incurrerunt dampnabiliter incidisse temporibus quibus videris
expedire. De nominibus eorundem inquirendo et quos in
premissis auctoritate facto seu consensu per inquisicionem inveneris
deliquisse, cites peremptorie quod compareant coram nobis octavo
die juridico post festum sancte Luce Ewangeliste ubicumque tunc
et cetera, proposituri et ostensuri precise quare specialiter et
nominatim ipsos sic excommunicatos esse pronunciare et publicare
minime debeamus, et sub debito juramenti corporaliter coram
nobis in judicio prestandi personaliter quibusdam interrogatoriis eis
ex officio nostro faciendis super facto suo per se responsuri, ulteriusque facturi et recepturi in premissis quod justum fuerit et consonum
racioni cum continuacione et prorogacione dierum prout natura
et qualitas hujusmodi facti notorii exigit et requirit. Inhibeas
insuper puplice parochianis dicte ecclesie et omnibus aliis subditis
tui decanatus similiter in genere facias inhiberi, ne quis a dictis
intrusoribus seu missis ab eisdem quicquam de bonis ipsius ecclesie
empcionis titulo seu alio quocumque recipiant, vel super eis
aliqualiter contrahant cum eisdem, jurave parochialia eis solvant,
vel in aliquo bona ad prefatum magistrum Radulphum dicte
ecclesie verum rectorem spectancia dissipari vel diminui quatenus
in eis est consenciant vel permittant sub pena excommunicacionis

     majoris quam in omnes contravenientes generaliter pro-
[Fo. 272ᵛ.] ferimus in hiis | scriptis. De die vero recepcionis pre-
     sencium et cetera. Datum apud Chertham iiij° non.
Octobris anno domini et cetera consecracionis nostre sexto.

[October 6th, 1299. Letter from the Archbishop to the prior of Lewes desiring him to remonstrate with the prior of Lenton for unlawful proceedings. The Archbishop had deprived Theobald of Bar-le-Duc of the church of Pagham which he could not lawfully hold with the treasurership of York. The prior of Lenton, acting for the abbot of St. Paul's, Verdun, who was delegated by the pope, had admonished the Archbishop to remove the sequestration of Pagham under threat of excommunication.]

PRIORI LEWENSI SUPER REVOCACIONE ERRORIS PRIORIS DE LENTON'—Robertus religioso viro . . priori ecclesie Lewensis salutem graciam et benediccionem. Licet dudum in visitacione nostra dominum Theobaldum de Barro ab ecclesia parochiali de Pageham nostre immediate jurisdiccionis et ad nostram collacionem spectante, quam una cum thesauraria ecclesie Eboracensis, que dignitas reputatur absque sufficienti auctoritate notorie detinebat, legittime amoverimus, eidemque ecclesie de Pageham de alia persona idonea providerimus jure nostro, prior tamen de Lenton' Cluniacensis ordinis Eboracensis diocesis asserens se commissarium religiosi viri domini . . abbatis monasterii sancti Pauli Verdunensis judicis seu executoris una cum quibusdam collegis suis super gracia dicto domino Theobaldo de fructibus et proventibus omnium beneficiorum suorum ecclesiasticorum usque ad quinquennium integre percipiendis per dominum papam post amocionem suam ab ecclesia de Pageham et alterius rectoris in ea subrogacionem factam a sede apostolica ut pretenditur deputati, virtute hujusmodi subdelegacionis, quam dicit super dictis fructibus et proventibus sibi factam, aliis quibusdam videlicet domino Willelmo de Drayton' et magistro Johanni de Kirkeby contra formam juris et sue commissionis quam pretendit vices suas de facto cum de jure non posset, commisit ad monendum nos quod infra sex dies revocemus sequestrum et perturbacionem in fructibus dicte ecclesie et custodem quem dicit nos in ipsa posuisse amoveamus et ab omni alio impedimento cessemus, quominus dictus Theobaldus vel ejus procurator de eadem ecclesia et ejus fructibus disponere valeat libere sicut prius sub pena majoris excommunicacionis quam in nos, si non paruerimus, fulminare prepropere contra justiciam non expavit, et ad puplicandum solempniter in synodis capitulis et congregacionibus hujusmodi sentenciam excommunicacionis contra nos et ad inhibendum nobis sub pena consimili ne dictum Theobaldum decetero aliquo modo impediamus vel ejus coadjutores citando sequestrando vel aliquo alio modo clam vel palam, sed quod omnia recepta et occupata prius de dicta ecclesia per nos vel per alium nomine nostro procuratori dicti Theobaldi infra dictos sex dies restituamus sub pena excommunicacionis predicta, necnon et ad inhibendum

parochianis ejusdem ecclesie ne de cetero nobis aut alii per nos
deputato de decimis obvencionibus aut aliis juribus quibuscumque
ad ipsam ecclesiam spectantibus respondeant quoquo modo.
Quibus eciam et alia quamplura erronea et justicie repugnancia que
in litteris suis super hiis directis apparent, temere demandavit,
quamquam gracia apostolica super percipiendis dumtaxat fructibus
et proventibus ut premittitur ad jus ipsius ecclesie quod est majus
et principalius, presertim cum dicta ecclesia tempore concessionis
ejusdem gracie non ipsius Theobaldi, ab ea prius per sentenciam
que in auctoritatem transiit rei judicate amoti, sed alterius cui eam
rite contulimus fuisset, se extendere non posset ; nec idem prior ad
solam partis suggestionem sine cause cognicione, eciam si
potestatem habuisset, nobis et vero dicte ecclesie rectore non
vocatis ad moniciones inhibiciones et censuras hujusmodi aliquatenus
maxime contra personam nostram procedere tam improvide de-
buisset aut super hiis, cum subdelegatum se pretenderet, cumulatis
erroribus vices suas aliis commisisse. Cum igitur prefatus prior
de Lenton' et domus sua velud cella vestri prioratus vobis esse
subditi predicentur, discrecionem vestram monendo et excitando
rogamus quatinus eidem priori sine more diffugio protinus
rescribatis quod hujusmodi erroneos processus et furibundas presumpciones quas tam infrunite impetuosis execucionibus contra nos
honori metropolitico non deferendo non timuit excercere, indilate
revocet cautela qua poterit meliori, sicuti grave dispendium vobis et
ecclesie vestre iminens volueritis evitare. Talem etenim et tam
manifestam injuriam nobis illatam dissimulare non possumus quin
eam congruis et debitis remediis prosequamur locis et temporibus
oportunis. Valete semper in Christo. Datum apud Chartham ij
non. Octobris consecracionis nostre anno sexto.

[*October 9th, 1299. Appointment by the Archbishop of William de Burgeis as
warden of the hospital of Eastbridge, Canterbury.*]

WILLELMO BURGEIS SUPER CUSTODIA HOSPITALIS DE EST-
BREGGE CANTUAR'.—Robertus permissione et cetera dilecto filio
Willelmo dicto Burgeys presbitero salutem et cetera. De circumspeccionis tue industria confidentes custodiam hospitalis nostri de
Estbregg' Cantuarie et plenam liberam ac generalem administracionem et disposicionem bonorum omnium ad ipsum hospitale
qualitercumque spectancium tuo perpetuo possidendam excercen-
dam tibi committimus per presentes. In cujus rei testimonium
et cetera. Datum apud Tenham v id. Octobris anno domini
et cetera.

[*August 17, 1299.   Mandate to the prior of Canterbury to recite the confirmation of the charters of liberties and of the forest publicly on the feast of All Saints to the clergy and people in the cathedral church, and to expound them clause by clause in English in the form sent to him.*]

PRIORI CANTUARIENSI SUPER PUBLICACIONE CARTARUM.— Robertus et cetera dilecto filio . . priori ecclesie nostre Cantuariensis salutem graciam et benediccionem.   Quia in instanti festo Omnium Sanctorum negociis variis prepediti non possumus in ecclesia nostra Cantuariensi personaliter interesse, vobis [Fo. 273.] committimus et in virtute obediencie firmiter injungendo mandamus quatinus cartas libertatum et de foresta, dudum per dominum regem innovatas et sub sigillo nostro alias vobis patenter transmissas, in festo supradicto in ecclesia nostra Cantuariensi coram clero et populo vice nostra publice recitetis, majoremque excommunicacionis sentenciam contra infringentes et perturbantes articulos dictarum cartarum clam vel palam per nos et coepiscopos nostros dudum consensu regio interveniente prolatam, secundum formam per prelatos et clerum nostre provincie unanimiter provisam et per nos vobis prius demandatam, eisdem die et loco nostram suplentes absenciam publicetis seu faciatis solempniter publicari, et in anglico seriatim exponi secundum formam predictam vobis prius transmissam.   In cujus rei testimonium sigillum nostrum presentibus est appensum.   Datum apud Horton' xvi kal. Septembris anno domini M. cc⁰. nonagesimo nono consecracionis nostre sexto.

———

[*November 12th, 1299.   Commission to the prior of Barlinch to act for the Archbishop who had received a papal mandate to judge the case of the canons of Canonleigh, who pleaded that they had been unjustly expelled from their monastery.*]

COMMISSIO IN NEGOCIO CANONICORUM DE LEGA.—Robertus et cetera judex seu executor una cum archidiacono Wintoniensi et magistro Reynero de Wychio a sede apostolica deputatus dilecto filio . . priori de Berlyth' ordinis sancti Augustini Bathoniensis et Wellensis diocesis salutem graciam et benediccionem.   Quia inquisicioni negocii Willelmi de Burlescumbe et ceterorum canonicorum monasterii beate Marie et sancti Johannis Ewangeliste de Legh' ordinis sancti Augustini Exoniensis diocesis. quod super sua ejeccione a dicta domo de Leye, ut asserunt injuriosa, auctoritate apostolica nituntur prosequi in hac parte, variis et arduis prepediti negociis personaliter interesse non valemus, vobis juxta formam et effectum mandati apostolici nobis in hac parte directi cum canonice cohercionis potestate committimus vices nostras donec eas duxeri-

mus revocandas. In virtute sancte obediencie qua dicte sedi astricti
estis, vobis nichilominus injungentes quatinus prelibatis canonicis
negocium hujusmodi prosequentibus expensas ad prosecucionem
hujusmodi necessarias, cum proprium non habeant, de bonis dicti
monasterii faciatis primitus ministrari. Et quicquid veritatis inveneritis in hoc facto nobis per vestras litteras patentes harum
seriem continentes citra festum Pasche proximo venturum distincte
et aperte certificare curetis. Datum apud Croydone ij id. Novembris
anno domini et cetera consecracionis nostre sexto.

[*November 12th, 1299. Mandate to Peter of Leicester to desist from suing the
treasurer of Lichfield in a secular Court.*]

DOMINO PETRO DE LEYCESTRIA QUOD CESSET A FATIGACIONE
CLERICI IN FORO SECULARI.—Robertus et cetera dilecto filio domino
Petro de Leycestria canonico Lychfeldensi salutem et cetera. Licet
thesaurarius ecclesie Lychfeldensis ad mandatum prioris de Kenille-
worth' nostri commissarii vos et quosdam alios prebendarios dicte
ecclesie pro eo quod de decima ultima bonorum ecclesiasticorum
domino regi dudum concessa tempore vobis et eis assignato non
fuerit soluta excommunicatos denunciaverit, prout sibi oportuit ex
injuncto, vos tamen thesaurarium ea occasione ad vetitum examen
coram baronibus de scaccario traxistis invitum et adhuc ibidem non
desistitis indies fatigare, quamquam clericus contra clericum in foro
civili nequeat litigare, propter quod majoris excommunicacionis
sentenciam contra tales per dominum papam Bonifacium octavum [1]
promulgatam noviter et inter jura canonica insertam ac publicatam,
nedum vos sed et illi coram quibus sic compellitur litigare ipso
facto dampnabiliter incurrere poteritis et poterunt non immerito
formidare. Et quia alias super consimili excessu per nos redarguti
adhuc non desistitis consimiles prosequi et cumulare errores tam
notorie quod ex hoc non minimum scandalum generatur, possemus
nimirum contra vos ex officii debito acriter procedere ad vindictam,
sed volentes vobis adhuc de benignitate parcere et deferre, vobis sub
pena canonice districcionis inhibendo mandamus quatinus a fatiga-
cionibus hujusmodi et molestacionibus illicitis dicti thesaurarii
penitus desistentes, ipsum nec alium clericum occasione alicujus
officii vel ministerii ecclesiastica auctoritate commissi in foro
seculari contra statum clericalem et ecclesiastice libertatis immuni-

---

[1] Sexti Decret. Lib. II, tit. II, cap. ii, cf. Decreti secunda pars, causa xi,
quaest. i, caps. xlvi, xlvii ; *Corpus Juris Canonici*, ed. Friedberg, vol. ii, p. 997,
cf. vol. i, pp. 640, 641.

tatem nequaquam presumatis decetero temere fatigare. Valete.
Datum apud Lameheth' ij id. Novembris consecracionis nostre anno
sexto.

———

[*November 29th, 1299. Letter from the Archbishop to the justices of the assize
in Kent requesting them to take inquisition to be sworn by twelve men
notwithstanding the season of Advent, in the case of Sir John Abel.*]

JUSTICIARIIS DOMINI REGIS SUPER LICENCIA RECIPIENDI JURA-
MENTA TEMPORE ADVENTUS DOMINICI.[1]—Robertus et cetera dilectis
filiis et discretis viris dominis Roberto de Ratford et Henrico
Spygurnel justiciariis domini regis Anglie in comitatu Kancie ad
assisas inquisiciones et attinctas capiendas assignatis salutem et
cetera. Quia pium est voluntati divine acceptum ut speramus
hominibus in casibus in quibus mora periculum trahit favorabiliter
subvenire, dilecti filii domini Johannis Abel militis devotis supplica-
cionibus ut inquisicionem sive attinctam eundem dominum J. tan-
gentem, prout in quodam brevi regio super hoc ab eodem domino
Johanne impetrato et vobis directo dicitur contineri, per sacramenta
proborum et legalium virorum licite recipere valeatis, hoc sacro
instanti adventus tempore non obstante liberam vobis tenore presencium concedimus facultatem. In cujus rei testimonium sigillum
nostrum presentibus est appensum. Datum apud Chartham iij kal.
Decembris anno domini et cetera.

———

[Fo. 273ᵛ.]

[*Undated. Letter to the justices of gaol delivery at Maidstone authorizing them
to summon the jury in the season of Advent.*]

JUSTICIARIIS DOMINI REGIS DE EODEM.—Robertus et cetera
dilectis filiis dominis Henrico Spygurnel et Henrico de Apeldre-
feld militibus justiciariis domini regis ad deliberacionem Gaeole de
Maydestan assignatis salutem et cetera. Ad compellendum probos
et legales viros coram vobis juramentum prestare in dicta deliberacione facienda secundum formam mandati regii vobis in hac parte
directi, hoc sacro instanti adventus tempore non obstante, liberam
vobis tenore presencium concedimus potestatem. In cujus rei
testimonium.

———

[*October 27th, 1299. Notification to the Fellows and Scholars of Merton College,
Oxford, that the Archbishop has appointed John de Waneting', Fellow of the
college, as Warden.*]

ADMISSIO W.[2] DE WANETING' AD MAGISTERIUM DOMUS DE
MERTON' OXON'.—Robertus et cetera dilectis in Christo filiis

———

[1] Hand in margin.   [2] Sic MS. for J.

fratribus et scolaribus domus de Merton' in Oxonia salutem graciam et benediccionem. Nuper per cessionem magistri Johannis de la More custodis domus vestre, quam custodiam in manibus nostris simpliciter resignavit, eadem domo vestra consueto regimine destituta, litteris nostris excitati tres viros idoneos videlicet magistros Johannem de Waneting', Thomam de Wylton', et Willelmum de Lotogershale congregacionis vestre consocios ad supradicte domus custodiam juxta formam regule vobis in hac parte tradite per vos prudenter et sagaciter nominatos, nobis domus memorate patrono per magistros Johannem de Wendovere et Alanum de Chirdene vestros similiter consocios ac procuratores ad hoc specialiter deputatos provide presentastis. Inspectis itaque diligenter et tam ipsius procuratorii quam nominacionis vestre predicte literis sigillo vestro communi signatis nobiscum transmissis, ac aliis in hac parte considerandis deliberacius ponderatis, quia ad nos pertinet unum de taliter presentatis admittere ad officium memoratum, licet singuli taliter presentati ad idem officium et eciam multo. majus sufficere dinoscantur, magistrum Johannem de Waneting' unum de hujusmodi nominatis, licet renitentem et se multipliciter excusantem, ad dictum officium admittimus et acceptamus et in supradicte domus vestre custodem preficimus per presentes. In cujus rei testimonium sigillum nostrum presentibus est appensum. Datum apud Mortelak' vi kal. Novembris anno domini et cetera consecracionis.

[*December 7th, 1299. Letter to the prior of the cathedral church of Canterbury refusing to sanction the proposed nominations to the offices of keeper of the almonry and keeper of the manors in Essex, Suffolk, and Norfolk, and approving another nomination.*]

PRIORI CANT' DE MUTACIONE OFFICIALIUM.—Robertus et cetera dilecto filio . . priori ecclesie nostre Cantuariensi salutem et cetera. Super tractatu cum fratribus vestris, prout moris est ut asseritis, de personis idoneis ad custodiam elemosinarie et maneriorum vestrorum Essex' Suff' et Norf' deputandis nostrum arbitrium sicut decuit prout per litteras vestras nobis transmissas apparuit requirere voluistis, vobis in premissis tale destinamus responsum, quod cum officia elemosinarie et penitenciarie inter se sint penitus distincta et earum custodes seu officiales a diversis ut nostis habeant nominari personis, officiarii et similiter officia processu temporis in tantum confundi poterint quod quis cujus officii et a quo proficiendus existeret penitus poterit ignorari, quamquam contrarium in quibusdam visum fuerit, ab aliquibus vero quorum sentenciam in hac parte

amplecti volumus erroneum reputetur.   Icirco fratrem Radulphum
de Adesham per nos ad officium penitenciarie prefectum ad aliud
officium per vos ad presens nolumus nominari, nec ad illud deputari.
De fratre vero Johanne de Welles consimilis racio poterit assignari,
et preterea non videtur nobis conveniens quod a statu superiori ad
inferius sine culpa sua prolaberetur quovis modo, profectum status
sue religionis pro posse ampliare cupientes, nec ad loca a sua religione distancia et eciam ipsum ab eadem distrahencia transferre
volumus, set in sua vocacione pristina eundem decernimus re-
mansurum.   Et si a fratre Ivone de Boctone per nos ad certum
officium nominato de gracia speciali ad officium per vos nominatum
translacionem fieri permisimus illa vice, nolumus tamen quod illud
vel aliud consimile ad aliorum consequencia inposterum pertrahatur.
Valete.   Datum apud Suhtmalling' sub sigillo nostro privato vij° id.
Decembris anno domini M°. cc°. nonagesimo nono consecracionis
nostre sexto.

[*November 26th, 1299. Commission to the Archdeacon of Bedford to take an
oath from the executors of the late bishop of Lincoln that they will take an
exact inventory and administer his estate faithfully ; and to notify the
executors to present the inventory and account before Ash Wednesday, 1300.*]

COMMISSIO AD RECIPIENDUM JURAMENTUM AB EXECUTORIBUS
LINCOLNIENSIS EPISCOPI DE FIDELI INVENTARIO FACIENDO.—
Robertus et cetera dilecto filio magistro Rogero de Rowelle archidiacono Bedeford' salutem et cetera.   Ad recipiendum a magistris
Thoma de Sutton', Goscelino de Kirmington', Northampton' et
Stowe archidiaconis, et dominis Willelmo de Stoketon', Johanne
Maunsel, et Hugoni de Normanton', canonicis Lincoln' executoribus
testamenti bone memorie domini Oliveri nuper Lincolniensis
episcopi jam defuncti coram nobis probati et per nos approbati
juramentum, quod de omnibus bonis ejusdem defuncti quorum administracionem tres ultimo nominatos testator voluit excercere fidele
inventarium diligenter conficiant, et quod pecuniam quam habent
paratam de bonis predictis, cujus administracionem propter timorem
diminucionis valoris ipsius necnon et vendicionis quorundam anima-
lium quas interim eis per vos concedi permittimus, juxta voluntatem
defuncti satisfaciendo creditoribus et legatariis fideliter erogabunt,
vobis cum canonice cohercionis potestate vices nostras committimus
per presentes.   Quibus quidem executoribus una cum magistris
Walter de Wotton' archidiacono de Huntingdon', et Roberto de
Kelingeworthe canonico Lincoln' eorundem coexecutoribus qui

coram nobis consimile prestiterant juramentum denuncietis, quod
inventarium predictum citra diem Cinerum proximo futurum nobis
        deferant bonorum ipsorum plenam administracionem tunc
[Fo. 274.] in forma debita | suscepturi, ac quod interim fideliter in
        hac parte se habeant ut superius est expressum.   Et quid
feceritis in premissis nos oportuno tempore certificetis per vestras
patentes litteras harum seriem et processum vestrum continentes.
Datum apud Chartham vj° kal. Decembris anno domini M°. cc^{mo}.
nonagesimo nono, consecracionis nostre sexto.

[*November 26th, 1299.   Notification to the subdean and chapter of Lincoln that
the Archbishop has appointed Nicholaus de Wytechirche, canon of Lincoln,
to exercise jurisdiction in the city and diocese of Lincoln during the vacancy
of the see.*]

DECANO AT CAPITULO LYNC' SUPER ADMISSIONE MAGISTRI
N. DE WYTTECHERCHE AD OFFICIALITATEM LYNC' SEDE VACANTE.
—Robertus et cetera dilectis filiis magistro Henrico de Beninge-
worth' subdecano et capitulo ecclesie Linc' decano ejusdem notorie
ut dicitur in remotis agente salutem et cetera.   Litteras vestras
recepimus quibus nobis intimare curastis quod vacante jam sede
Lincolniensi per mortem bone memorie domini [1] Oliveri nuper
episcopi vestri tres canonicos vestros videlicet magistros Rogerum
de Rothewelle archidiaconum Bedeford', Robertum de Lacy et
Nicholaum de Wytechirche secundum formam composicionis [2] dudum
super hoc inite nominastis et nobis eorum nomina destinastis pro
jurisdictione in civitate [et] diocesi Lincolniensi uni eorum quem
eligendi duxerimus committenda.   Nos igitur vestram circumspeccionem in nominacione tam prudentum virorum in domino com-
mendantes, vobis significamus quod tercium de prenominatis videlicet magistrum Nicholaum de Wytecherch' eligimus et habemus
acceptum ad excercendum jurisdiccionem hujusmodi quam sede
plena denuo excercuit, eidem cum ad nos venerit in forma debita
committendam, ceterorum fidei et prudencie approbate per hoc
nullatenus derogantes quorum discrecionem et experienciam notissi-
mam commendamus. Valete. Datum apud Chartham vj kal. Decembris et cetera.

---

[1] MS. *domino.*
[2] This composition of 1261 is printed in *Lincoln Cathedral Statutes, The
Black Book,* ed. H. Bradshaw and C. Wordsworth, 1892, pp. 311–15.

[*December 15, 1299. Commission to Nicholas de Wytecherche, canon of Lincoln, to act as the Archbishop's official and exercise episcopal jurisdiction during the vacancy of the see of Lincoln.*]

COMMISSIO FACTA DOMINO MAGISTRO N. DE EADEM JURISDIC-CIONE [1].—Robertus et cetera dilecto filio magistro Nicholao de Wytecherche canonico ecclesie Lincolniensis salutem et cetera. Vacante jam episcopali sede Lincolniensi per mortem bone memorie domini Oliveri dei gracia nuper ipsius loci episcopi te magistrum Nicholaum predictum pro excercicio jurisdiccionis episcopalis in dicta diocesi ad nominacionem . . decani et capituli Lincolniensis ecclesie secundum formam composicionis dudum super hoc inite de te canonico ut premittitur et quibusdam aliis ipsius ecclesie canonicis factam a nobis electo . . officialem nostrum Lincolniensem ipsa sede vacante facimus et constituimus per presentes ad excercendum nomine nostro jurisdiccionem episcopalem in civitate et diocesi Lincolniensi tempore vacacionis instantis secundum tenorem et effectum composicionis predicte in eadem constitucione quod in hac parte secundum ejusdem composicionis exigenciam requiritur, nobis a te prestito juramento. In cujus rei testimonium sigillum nostrum presentibus est appensum. Datum Cycestr' xviij kal. Januar' anno domini M⁰. cc^{mo}. nonagesimo nono consecracionis nostre sexto.

[*December 16th, 1299. Letter to the chancellor and masters of the University of Oxford. Although after his metropolitical visitation of the diocese of Chichester the Archbishop had summoned William de Grenefeld, dean of the cathedral church, to appear before him on the charge of non-residence, he had not compelled him to refuse to continue his lectures in the university. The power to dispense the dean from his oath of perpetual residence was vested in the bishop and chapter of Chichester.*] [2]

CANCELLARIO ET MAGISTRIS UNIVERSITATIS OXON' RESPONSALES DE MAGISTRO W. DE GRENEFELD'.—Robertus et cetera dilectis filiis . . cancellario ac venerabili cetui magistrorum universitatis Oxoniensis salutem et cetera. Licet magister Willelmus de Grenefeld' decanus Cycestrensis, quem sciencie magnitudo et experiencie magne certitudo non minimum condecorant, racione visitacionis nostre facte in ecclesia Cycestrensi coram nobis sit personaliter evocatus, non tamen a proposito continuandi lecciones suas in dicta universitate per hoc sicut scripsistis per nos cogitur

---

[1] Hand in margin.
[2] M. E. C. Walcott, 'Early Statutes of Chichester Cathedral', *Archaeologia*, xlv, p. 220.

resilire, cum a nobis non dependeat redeundi facultas nec sit in potestate nostra absoluta ipsum ad vos remittere causa continuandi lecciones suas sicut creditis, prout per litteras vestras nobis directas liquere potuit evidenter.   Nam cum predictus magister Willelmus in admissione decanatus predicti astrictus fuerit vel astringi debuit per juramentum suum de consuetudine ecclesie Cycestrensis ad faciendam residenciam corporalem prout in visitacione dicte ecclesie nobis manifeste constabatur, dispensacio super juramento quo ad residenciam ab episcopo loci et capitulo necnon et a judicio proprie consciencie dumtaxat et non a nobis dinoscitur dependere. Valete. Datum apud Estlovente xvij° kal. Januarii consecracionis nostre anno sexto.

[*January 11th, 1300. Notification to the rector of Beckingham that the Archbishop has appointed him coadjutor to the rector of Quarrington who is
paralysed.*]

DE COADJUTORE DATO RECTORI ECCLESIE DE QUERYNTON'
LINC. DIOC. SEDE VACANTE.—Robertus et cetera dilecto filio magistro Ade rectori ecclesie Bekyngeham Lincolniensis diocesis salutem graciam et benediccionem. Magistro Augustino rectori ecclesie de Querynton' dicte diocesis morbo paralitico laboranti jure nostro vacante sede Lincolniensi te damus coadjutorem ad supplendum ipsius defectum, ejusque impotenciam relevandum secundum juris exigenciam in administracione spiritualium et temporalium sue ecclesie memorate. In omnia et cetera. Datum apud Boseham iij id. Januarii anno et cetera consecracionis nostre sexto.

[*Undated. Notification to the rector of Quarrington that the Archbishop has
appointed the rector of Beckingham as his coadjutor.*]

RECTORI DE QUER' SUPER EODEM.—Robertus et cetera dilecto filio magistro Augustino rectori ecclesie de Querynton' Lincolniensis diocesis salutem et cetera. Dolentes simulque compacientes tue impotencie, dilectum filium magistrum Adam rectorem de Bekyngeham dicte diocesis ut vices tuas tam in spiritualibus quam temporalibus suppleat coadjutorem tibi duximus adhibendum, quod noluimus aliqualiter te latere. Valete. Datum et cetera.

[*November 16th, 1299. Notification that the abbot of Walden has been absolved
from the sentence of excommunication for infringing the bull* Clericis laicos.]

ABSOLUCIO .. ABBATIS DE WALEDEN' AB EXCOMMUNICACIONE
QUAM INCURRIT RACIONE PROTECCIONIS REGIE DE BONIS ECCLESI-

ASTICIS REDEMPTE.—Pateat universis quod nos Robertus permissione divina et cetera venerabilis patris domini Mathei dei gracia Portuensis et sancte Ruffine episcopi sanctissimi patris domini Bonifacii pape viij penitenciarii in hac parte commissarius dilectum [Fo. 274ᵛ.] filium Willelmum de Folhey | abbatem de Waleden ordinis sancti Benedicti Londoniensis diocesis ab excommunicacionis sentencia quam incurrit pro eo, quod ipse olim propter metum qui cadere poterat in constantem ministris illustris regis Anglie contra constitucionis tenorem sanctissimi patris predicti collectas et excommunicaciones sibi impositas persolvit, juxta formam ecclesie absolvimus, prestito juramento prius ab eodem de stando mandatis ecclesie et de faciendo illam penitenciam quam sedes apostolica duxerit injungendam ; ipsumque ad tempus quod sibi moderavimus a suorum ordinum execucione suspensum, postmodum suis suffragantibus meritis cum de nullo alio canonico impedimento nobis constaret, cum ipso super irregularitate quam ea occasione contraxerat in miscendo se divinis dum fuerat sic ligatus, auctoritate nobis commissa dispensavimus prout saluti anime sue credidimus expedire. In cujus rei testimonio sigillum nostrum presentibus est appensum. Datum apud Chartham xvj kal. Decembris anno domini Mᵒ. ccᵐᵒ. nonagesimo nono consecracionis nostre sexto.

———

[*January 22nd, 1300. Letter to the prior of Canterbury forbidding the chapter to yield to outside pressure and give a pension to John de St. Clare with an appointment as standing counsel. The Archbishop rebuked the prior for his secret attempt to influence a party of the monks to oppose the reconciliation of Thomas de Ringmere when it was brought before the whole body of monks assembled in chapter.*]

INHIBICIO PRIORI CANT' QUOD NON CONCEDAT PENSIONEM J. DE SANCTO CLARO.—Robertus et cetera dilecto filio . . priori ecclesie nostre cathedralis Cantuariensis salutem et cetera. Ex quorundam fidedignorum relatu percepimus quod vos et capitulum nostrum Cantuariense quemdam vacillantis apud nos opinionis clericum videlicet Johannem de Sancto Claro quorumdam fautorum et promotorum suorum inter vos ambiciosis excitacionibus stimulati in vestrum consiliarium assumere et dicte ecclesie nostre beneficiarium in pensione annua constituere unanimi proponitis ex assensu. Nolentes igitur contra vos inordinatis quorundam affectibus et blandis induccionibus prima facie placencius acceptare quod tanquam asperum nocivum et detestabile posset ex majori noticia injurium imposterum displicere, vos monemus in virtute obediencie quatinus ab eo quod leviter forsan in hac parte adulatorum impulsibus concepistis, affeccionis oculos advertatis : inhibentes vobis districte ne alicui pensioni dicto Johanni in ecclesia nostra faciende vestrum consensum aliqualiter prebeatis, et si quid super hoc attemptatum fuerit, studeatis modis omnibus caucius revocare, sicut pro tranquillitate status vestri zelatis ac pro nostro commodo et honore.   Injungimus eciam vobis in virtute qua prius quatinus quam cicius poteritis super hoc nobis veraciter rescribatis.   Ac hec nuper perlatum est ad aures nostras quod, cum una die in scaccario vestro vos tractatum haberetis cum majoribus et senioribus capituli nostri super reconciliacione fratris Thome de Ryngemere [1] prout inter vos fuerat prelocutum, omnesque illi tunc presentes sue reconciliacioni preberent assensum, vos postea quosdam de capitulo fecistis secrecius informari, quorum nomina bene novimus ad contradicendum illi reconciliacioni, cum de ipsa communiter in capitulo mencio haberetur quod et taliter factum fuit, de quo si ita fuerit non cessamus non immerito admirari.   Datum apud Slyndone sub sigillo nostro privato xi kal. Februarii anno domini et cetera consecracionis et cetera.

[*January 22nd, 1300.   Mandate to the Archbishop's commissary to publish the sentence of the Court of Canterbury in the dispute between Thomas de Chartham and John de Langton, that Thomas de Chartham is the lawful rector of Reculver, and to take steps to put Thomas de Chartham in possession, and to compel John de Langton and his supporters to make restitution of the fruits of the benefice of which they have despoiled Thomas.*]

EXECUCIO SENTENCIE LATE CONTRA J. DE LANG' SUPER ECCLESIA DE RACOLVERE IN CAUSA SPOLIACIONIS.—Robertus magistro Martino commissario nostro Cantuariensi salutem. Cum in causa seu negocio que vel quod in curia nostra per viam notorii vertebatur super spoliacione ecclesie de Racolvere nostre Cantuariensis diocesis inter dominum Thomam de Chertham verum ipsius ecclesie rectorem actorem ex parte una et dominum Johannem de Langeton' ejusdem ecclesie illicitum detentorem reum ex altera, juris ordine qui secundum naturam et qualitatem ipsius negocii requirebatur in omnibus observato, prefatum dominum Thomam ad possessionem ejusdem ecclesie cum suis pertinenciis et omni sua causa restituerimus, et dictum Johannem predictum et quemvis alium suo vel alterius nomine illicitum detentorem ejusdem ecclesie ab ea similiter amoverimus per decretum, effectualiterque decernimus amovendum, et ipsum dictum Thomam ejusve procuratorem suo nomine ad statum possessionis sue in eadem ecclesia cum suis pertinenciis qua

---

[1] Cf. *Historical MSS. Commission*, 5th Report, Appendix, pp. 432, 438.

quidem possessione per dictum dominum Johannem et suo nomine violenter ipsum dominum Thomam invenimus notorie spoliatum reduxerimus; et sic restituendum ac reducendum fore pronuncia-verimus, memoratumque dictum Johannem ad restitucionem fructuum ejusdem ecclesie quos a tempore spoliacionis hujusmodi illicite percepit, et medio tempore dilapidavit et consumpsit sentencialiter et diffinitive condempnaverimus, ipsum eciam domi-num Johannem omne jus si quod in dicta ecclesia prius habuit, vel ad eam racione intrusionis sue in dictam ecclesiam et violente occupacionis ejusdem ipso facto penitus amisisse declaraverimus justicia suadente, tibi committimus et mandamus quatinus dictum dominum Thomam verum rectorem ecclesie supradicte sic restitu-tum et reductum, prefatumque dominum Johannem et quoscunque alios ejusdem ecclesie detentores illicitos sic amotos ipsumque dominum Johannem ad fructuum restitucionem sic con-[Fo. 275.] dempnatum esse et jus si quod habuerit aliquo tempore | in dicta ecclesia totaliter amisisse, ac dictam sentenciam nostram in omnibus suis articulis per te et per alios solempniter publices in dicta ecclesia de Racolvere et suis capellis aliisque ecclesiis convicinis diebus dominicis et aliis festivis statim a tempore recepcionis presencium coram clero et populo in locis hujusmodi plenius congregato. Moneas insuper et efficaciter inducas pre-dictum dominum Johannem si inveniatur, et quoscunque alios dicte ecclesie et capellarum suarum ac domuum ad rectoriam sepedicte ecclesie spectancium suo vel alterius cujuscunque nomine illicitos detentores, quod ipsas ecclesiam capellas et domos prefato domino Thome ejusve procuratori suo nomine in pace dimittant, recedendo infra triduum a tempore monicionis tue, quod tempus propter evidens animarum periculum moderando duximus sic artandum, totaliter a possessione seu verius detentacione nepharia earundem sub pena excommunicacionis majoris quam exnunc in hiis scriptis proferimus in non parentes, quos post idem tempus volumus et mandamus per totam nostram dyocesim sic excommunicatos esse publice nunciari; et fructus predictos si extent, vel eorum estima-cionem si non extent, predicto domino Thome seu procuratori suo ejus nomine idem dominus Johannes restituat ut tenetur, et dictum dominum Thomam seu suum procuratorem ejus nomine ad statum possessionis sue quam habuit in predictis ante spoliacionem hujus-modi restituas effectualiter et reducas, et restitutum defendas per censuram ecclesiasticam qualemcumque. Et quid feceris aliique ad mandatum tuum fecerint in premissis nos citra festum sancti Mathei apostoli ubicumque tunc in civitate diocesi vel provincia nostra

Cantuariensi fuerimus certifices per tuas et cetera. Datum apud Slyndone xi kal. Februarii anno domini et cetera.

———

[*February 6th, 1300. Notification that the abbot of Hayles has been absolved from the sentence of excommunication for infringing the bull* Clericis laicos.]

LITTERE ABSOLUCIONIS ABBATIS DE HAYLES PRO PROTEC-CIONE REGIA.—Universis presentes litteras inspecturis Robertus permissione divina et cetera salutem in domino sempiternam. Presentavit nobis magister Willelmus de Gloucestria clericus pro-curator religiosi viri fratris Hugonis abbatis monasterii sancte Marie de Hayles ordinis Cysterciensis Wygorniensis diocesis litteras venerabilis patris domini Mathei dei gracia Portuensis et sancte Ruffine episcopi penitenciarii sanctissimi patris nostri domini Bonifacii pape octavi tenorem qui sequitur continentes. Venerabili in Christo patri dei gracia archiepiscopo Cantuariensi vel ejus vicario in spiritualibus frater Matheus miseracione divina Portuensis et sancte Ruffine episcopus salutem et sinceram in domino caritatem. Ex parte fratris Hugonis abbatis monasterii sancte Marie de Heyles Cysterciensis ordinis Wygorniensis diocesis nobis extitit intimatum quod ipse olim contra constitucionis tenorem sanctissimi patris nostri domini Bonifacii divina providencia summi pontificis nunciis vel ministris seu collectoribus illustris regis Anglie propter vim et metum qui cadere poterat in constantem tempore guerre subsidium tribuit, propter quod interdicti et excommunicacionis incurrit sentencias ex ipsius constitucionis tenore in omnes contrafacientes generaliter promulgatas. Et sic ligatus non in contemptum clavium sed simplicitatis errore divinis officiis se ingessit. Super quibus supplicari fecit humiliter sibi per sedem apostolicam salubriter provideri. Nos igitur auctoritate et mandato domini pape cujus penitenciarie curam gerimus providencie vestre committimus quatinus, recepta ab eo prius idonea caucione quod super hoc Romane ecclesie et domini pape mandatis semper parebit, a prefatis interdicti et excommunicacionis sentenciis ipsum juxta formam ecclesie absolvatis. Et considerata culpa ipsius injungatis ei penitenciam salutarem et alia que de jure fuerint injungenda. Et ipso ad tempus prout expedire videritis a suorum ordinum execucione suspenso, tandem si laudabilis fuerit vite et con-versacionis honeste aliudque canonicum non obsistat super irregu-laritate ex premissis contracta cum eo misericorditer auctoritate dispensetis predicta. Datum Laterani xvij kal. Decembris pontifi-catus domini Bonifacii pape viij anno quinto. Nos igitur prefatum abbatem a dictis excommunicacionis et interdicti sentenciis, prestita nobis primitus ab eodem idonea caucione quod super hoc sacro-sancte Romane ecclesie et domini pape mandatis semper parebit, auctoritate predicta nobis in hac parte commissa in forma ecclesie absolvimus in personam sui procuratoris predicti plenam et sufficientem ad hoc potestatem habentis, et quod ipse abbas xl depascat pauperes penitenciam similiter injunximus salutarem, volentes quod nichilominus idem abbas a suorum execucione ordinum suspensus maneat usque ad diem cinerum proximum jam futurum cum quo extunc, si aliud canonicum non obsistat super irregularitate si quam ex premissis contraxit, eadem auctoritate

nobis commissa tenore presencium misericorditer dis-
[Fo. 275ᵛ.] pensamus. | In cujus rei testimonio sigillum nostrum
presentibus est appensum. Datum apud Slyndone viij id. Februarii anno et cetera consecracionis nostro sexto.

[February 1st, 1300.   Citation to any persons who are opposed to the election of John de Dalderby as bishop of Lincoln to appear before the Archbishop.]

GENERALIS CITACIO OPPONERE SE VOLENCIUM CONTRA ELEC-CIONEM LYNCOLN'.—Robertus et cetera dilecto filio . . officiali nostro Lincolniensi sede vacante salutem et cetera.   Ex parte . . decani et capituli ecclesie Lincolniensis nobis est cercius intimatum quod nuper pro eleccione futuri pontificis in eadem ecclesia celebranda convenientibus omnibus de eodem capitulo qui debuerunt et potuerunt commode interesse, major et sanior pars eorundem in magistrum Johannem de Dalderby concanonicum ipsius ecclesie consensit quem subsequenter fecerat eligi in episcopum et pastorem. Set quia ad ipsius electi confirmacionem procedi non poterit nisi premissa vocacione seu proclamacione que de jure requiritur in hac parte, ut in ipso negocio prout convenit maturius procedatur, vobis mandamus quatinus vocetis seu citetis peremptorie per vos vel per alios nominatim oppositorem vel oppositores, si qui se opposuerint vel opponere voluerint specialiter dicto electo vel ejus eleccioni et generaliter in dicta Lincolniensi ecclesia, ubi eleccio fuerat cele-brata, vocetis et denuncietis publice, ut si qui sint qui se velint opponere electo vel eleccioni predictis, quod compareant coram nobis quarto die juridico post festum sanctarum Perpetue et Felicitatis, quem terminum propter diutine vacacionis periculum sic duximus moderandum et sufficientem reputamus, ubicumque tunc in civitate diocesi vel provincia nostra Cantuariensi fuerimus, precise et peremptorie proposituri et ostensuri quatenus jus exigit quicquid proponere vel obicere voluerint contra electi personam vel eleccionem suam predictam, facturique ulterius et recepturi in premissis cum continuacione et prorogacione dierum juxta negocii qualitatem et naturam usque ad finalem expedicionem ejusdem quod juris fuerit et consonum equitati. Et quid super hiis feceritis nos dictis die et loco certificetis per vestras patentes litteras harum seriem continentes. Datum apud Neutymber kal. Februarii anno domini M°. cc^{mo}. nonagesimo nono, consecracionis nostre vi^{to}.

[*February 13th, 1300. Letter to the Archbishop's official and chancellor and the dean of the Arches, requiring them to advise him clearly and quickly what action he should take in the struggle with the Treasurer, Walter Langton, Bishop of Coventry and Lichfield.*]

OFFICIALI CANT' DOMINI CANT' ET DECANO DE ARCUBUS SUPER CERTO CONSILIO PROVIDENDO.—Robertus et cetera dilectis filiis . . officiali [1] et cancellario nostro ac . . decano ecclesie beate Marie de Arcubus London' salutem et cetera. Quia finalis deliberacio vestra quod videlicet in negociis de Langton' viam minus periculosam eligamus cujus pericula nostro arbitrio committitis estimanda in dubio nos relinquit,[2] vobis mandamus in virtute sacramenti nobis prestiti quod super hiis diligenti solicitudine perpensius conferentes quid magis deceat et expediat eventum videlicet parliamenti expectare, vel antea de eisdem nos totaliter expedire, nobis quam cicius poteritis certum responsum non ambiguum prout deliberato consilio vobis dictaverit vestra racio plenius rescribatis, ut facta nostra communi valla consensu solidius roborentur et difficilius impugnentur, quod responsum vestrum eo cicius nobis remitti speramus quo idem negocium prius inter vos est aliqualiter masticatum. Valete. Datum apud Terrynge id. Februarii consecracionis nostre anno sexto.

[*February 17th, 1300. Letter to the prior and chapter of Canterbury forbidding them to appoint John de St. Clare as standing counsel and give him an annual pension.*]

PRIORI ET CONVENTUI CANT' INHIBICIO DE J. DE SANCTO CLARO.—Robertus et cetera dilectis filiis . . priori et capitulo ecclesie nostre Cantuariensis salutem et cetera. Tales ecclesie nostre et vobis decet consiliarios assistere quorum fides et opinio non vacillet quorumque proterva machinacio a veri consilii soliditate vos nequeat removere. Cum igitur intellexerimus vos velle Johannem de Sancto Claro, cujus condicionem mores et gestus non credimus vobis aut ecclesie nostre profuturos, consiliarium vestrum

---

[1] *Officiali et cancellario nostro*, underlined, with a dagger mark in margin.
[2] MS. relinquid.

facere, et pro obsequiis suis ecclesie nostre beneficiarium constituere in annua pensione, admirari non sufficimus cujus utilitatis consideracio vel forsan ut verisimiliter conjecturamus quorundam fautorum suorum induccio vestros in eum affectionum intuitus convertisset. Optantes igitur ut ecclesia nostra felicis consilii ducta regimine semper a noxiis preservetur in quantum poterunt precaveri, vobis in virtute obediencie qua nobis tenemini et sub interminacione anathematis districtius inhibemus, ne id quod quorumdam forsan suasionibus circa ejus alleccionem facere concepists ad effectum aliqualiter perducatis, aut consensum volentibus sua circa hec vota perficere prebeatis, cum jurium ecclesie nostre matris sue propugnatorem non ignotum magis teneamini pro viribus devitare. Valete semper in Christo. Datum apud Terryng' xiiij° kal. Marcii anno domini et cetera consecracionis nostre sexto.

[Fo. 276.]

[Undated. Letter to the prior of Canterbury forbidding the appointment of John de St. Clare as above, and notifying him that the Archbishop will discuss this and other business with him at the forthcoming meeting of parliament.]

PRIORI CANT' SUPER EODEM.—Robertus et cetera delecto filio .. priori ecclesie nostre Cantuariensis salutem et cetera. Vobis ut prius persuademus utiliter et districcius inhibemus ne Johannem de Sancto Claro vobis in consilium assumatis, cum per eum jurium ecclesie nostre propugnatorem notissimum verisimiliter non valeat ejusdem ecclesie nostre utilitas procurari. Ita quod donec vobiscum in instanti parliamento tractatum habuerimus ipsius quo ad hoc ulterior expedicio differatur, cum modici temporis mora in non arduo negocio non sit vobis periculum allatura. Ad hec super eo quod littere vestre continebant plures in vestro scaccario reconciliacioni fratris Thome pro quo vobis scripsimus contradixisse, de tribus bene scimus quorum contradiccio non debet ceterorum consensibus prevalere. De equis autem et pueris quos pro recreacione nobiscum habenda in curia nostra sibi ad nostri instanciam vestri gracia commodastis usque ad parliamentum ubi super hoc plenius vobiscum tractabimus, velitis equanimiter sustinere. Valete. Datum apud Terryng' sub sigillo nostro privato et cetera.

[March 19th, 1300. Notification that the Archbishop has granted the administration of the will of Oliver Sutton, late bishop of Lincoln, to his executors.]

COMMISSIO ADMINISTRANDI BONORUM DOMINI O. LYNC' EPISCOPI EXECUTORIBUS SUIS FACTA.[1]—Tenore presencium pateat

---

[1] Dagger mark in margin.

universis quod nos Robertus permissione divina et cetera. Admissa probacione testamenti bone memorie domini Oliveri nuper Lincolniensis episcopi pronunciatoque per nos pro eodem administracionem omnium bonorum dicti defuncti in Cantuariensi provincia existencium magistris Thome de Sutton', Waltero de Wotton', Goscelino de Kyrington', Norhampton' Huntingdon' et Stowye archidiaconis, magistro Roberto de Kenelingworth' et dominis Johanni Maunsel ac Hugoni de Normanton' canonicis Lincoln', executoribus in dicto testamento nominatis facto prius de bonis dicti defuncti inventario et per eos nobis exhibito in forma juris duximus committendum. In cujus et cetera. Datum apud Lameheth' xiiij kal. Aprilis anno domini M°. cc^mo. nonagesimo nono consecracionis nostre sexto.

———

[*December 1st, 1300. Mandate from the Archbishop to John de Berwick to obey the mandate of Boniface VIII that John de Berwick should surrender the prebend of Salisbury to Nicholas, son of Napoleone Orsini of Rome, given to the latter by papal provision, and to make restitution for the fruits of which he had deprived him.*]

EXECUCIO CONTRA J. DE BEREWYK' SUPER PROVISIONE PREBEND' SAR'.—Robertus permissione et cetera dilecto filio domino Johanni de Berewyk' salutem et cetera. Noveritis nos litteras sanctissimi patris domini Bonifacii pape octavi recepisse formam subscriptam continentes. Bonifacius episcopus servus servorum dei venerabili fratri archiepiscopo Cantuariensi et dilectis filiis magistris Giffredo de Vezano Cameracensi camere nostre clerico et Onufrido dicto [1] pape de Trebis Trecensi canonicis ecclesiarum salutem et apostolicam benediccionem. Significavit nobis dilectus filius Nicholaus quondam Nepoleonis de filiis Ursi de Urbe canonicus Sarisbiriensis quod Johannis dictus de Beruic qui pro canonico Sarisbiriensi se gerit prebendam, de qua prefato Nicholao fuerat in ecclesia Sarisbiriensi canonico apostolica auctoritate provisum, temeritate propria occupans illam detinet occupatam percipiendo fructus et redditus ex eadem in anime sue periculum dictique Nicholai non modicum detrimentum, super quo idem Nicholaus apostolice provisionis remedium suppliciter imploravit. Nos autem, qui Nicholaum eundem suis et suorum exigentibus meritis benivolencia prosequimur speciali, grave gerentes quicquid per quoscunque in ipsius injuriam attemptatur, sibique volentes super hoc de remedio consulere oportuno, discrecioni vestre per apostolica scripta mandamus, quatinus vos vel duo aut unus vestrum per vos vel per alium seu

———

[1] Sic MS., for ' de civitate papali '.

alios eundem Johannem ex parte nostra monere ac inducere procuretis, ut infra triginta dierum spacium post monicionem hujusmodi prebendam ipsam prefato Nicholao sine qualibet difficultate
dimittat pacifice et quiete, ac de fructibus inde perceptis et dampnis
et expensis que occasione hujusmodi prefatus Nicholaus incurrit
plenam et debitam satisfaccionem impendat. Quod si monitis vestris
acquiescere forte noluerit, extunc ex parte nostra peremptorie
citetis eundem ut infra trium mensium spacium post citacionem
hujusmodi apostolico se conspectui personaliter representet; nostris
in hac parte pariturus mandatis ac facturus a retro super premissis
quod ordo exegerit racionis. Diem vero citacionis et formam et
quicquid inde duxeritis faciendum nobis per vestras litteras harum
seriem continentes fideliter intimetis. Datum Lateran' xii kal.
Februarii pontificatus nostri anno quarto. Hujusmodi igitur freti
auctoritate mandati vos monemus ac quatenus in nobis est juxta vim
et effectum mandati apostolici inducimus et inducendo procuramus,
quatinus infra triginta dierum spacium post monicionem nostram
quin verius apostolicam prebendam ipsam prefato Nicholao vel ejus
procuratori sine difficultate qualibet dimittatis pacifice et quiete, ac
          de fructibus inde perceptis dampnis et expensis si que
[Fo. 276ᵛ.] vel quas occasione retardacionis vestre | in restitucione
          predicta facienda ipsum incurrere contigerit debitam satis-
faccionem impendatis. Alioquin vos tenore presencium citamus
ut infra trium mensum spacium post lapsum temporis supradicti
apostolico vos conspectui representare curetis mandatis apostolicis
in premissis per omnia pariturus facturus et recepturus quod ordo
exegerit racionis. Datum apud Bocton' kal. Decembris anno
domini Mᵒ. ccᵐᵒ. nonagesimo nono consecracionis nostre sexto.

Anno domini millesimo trecentesimo consecracionis domini
R. archiepiscopi sexto.

[*April 16th, 1300. Mandate to the bishop of Salisbury's official to publish the
above papal mandate in the cathedral church of Salisbury, and notify both
John de Berwick and his vicar to surrender the prebend to Nicholas, son of
Napoleone Orsini of Rome.*]

. . Officiali Sar' execucio dicte provisionis.—Robertus
et cetera officiali domini . . Sarisbiriensi episcopi salutem et cetera.
Litteras sanctissimi patris nostri domini Bonifacii divina [1] sacrosancte
Romane ecclesie summi pontificis, quas vobis transmittimus in-
spiciendas et nobis illico per bajulum earundem sub pena excom-

---

[1] *miseracione* is omitted in MS. preceding *divina.*

municacionis majoris quam in personam vestram si secus feceritis, exnunc proferimus [1] in hiis scriptis, recepimus in hac forma. Bonifacius episcopus et cetera, ut in littera precedenti domino Johanni de Berewyk' directa. Et licet per substitutum procuratoris dicti Nicholai alias nobis dictas apostolicas litteras exhibentis [2] protinus super hiis nostras monitorias ac citatorias litteras, que sub data kalendarum Decembris a nobis apud manerium nostrum de Bocton' emanarunt auctoritate mandati predicti ad instanciam ejusdem procuratoris prefato domino Johanni direxerimus in hac parte, quia tamen non constitit nobis hactenus easdem litteras nostras ad noticiam dicti domini Johannis prout mandavimus pervenisse, ne nobis impingi valeat in dilacione execucionis ejusdem mandati apostolici aliqualis negligencia quod nollemus, vobis auctoritate qua fungimur in hac parte sub pena canonice districcionis mandamus firmiter injungentes quatinus infra octo dies post recepcionem presencium eundem dominum Johannem si valeat reperiri, alioquin procuratorem ipsius si quem dimiserit, moneatis et inducatis auctoritate predicta. Et nichilominus hujus monicionis edictum ipsius domini Johannis vicario in Sarisbiriensi ecclesia intimetis, et id idem in ipsa ecclesia coram clero et populo publicatis, ut infra triginta dierum spacium post monicionem hujusmodi prebendam ipsam prefato Nicholao vel ejus procuratori sine qualibet difficultate dimittat pacifice et quiete ; ac de fructibus dampnis et expensis plenam et debitam satisfaccionem impendat sicut in dicto mandato apostolico plenius continetur. Quod si monitis vestris hujusmodi acquiescere noluerit, extunc citetis eundem peremptorie ut infra trium mensium spacium post hujusmodi citacionem apostolico se conspectui personaliter representet mandatis apostolicis pariturus in premissis ac facturus et recepturus super eosdem quod ordo exegerit racionis. Presentis vero littere copiam eidem Johanni ut plenius super hiis instruatur vel suo procuratori si quem ut supra dimisit necnon ex habundanti dicto suo vicario sub sigillo vestro efficaciter offeratis. De die vero recepcionis presencium ac eciam monicionis vestre et citacionis modumque et formam earundem ac quicquid inde feceritis nobis per vestras patentes litteras harum seriem continentes citra festum Nativitatis sancti Johannis Baptiste proximo futurum fideliter intimetis. Datum apud Suhtmalling' xvj kal. Maii anno domini M°. ccc^{mo}. consecracionis nostre sexto.

---

[1] *remittendas* is omitted in the MS. after *proferimus.*   [2] MS. *exhibenti.*

[April 8th, 1300.   Letter to the archdeacon of Canterbury urging him to induce the archdeacon of Westminster to seal a document withdrawing erroneous statements.]

DOMINO J. DE LANG' AD INDUCENDUM ARCHIDIACONUM WEST-MONASTERII REVOCARE SUOS ERRORES.—Robertus et cetera dilecto filio domino Johanni de Langton' archidiacono nostro Cantuariensi salutem.   Licet in forma et ordine nostri condicti, prout nostis expressius sit contentum, quod gravamina per vestros judices et executores nobis illata quatenus de facto in fame nostre suggillacionem processerant detectis quo ad vulgi opinionem exinde delendam erroribus primitus revocentur, et nos inde confisi vestra prosperari negocia sustinuerimus pacienter ; audivimus tamen et ex eo miramur ac eciam in immensum movemur quod . . archidiaconus Westmonasterii formam revocacionis hujusmodi faciende per eum de vestro nostroque consilio rite conceptam renuit sigillare, quod vobis, de quo tamen suspicamur, aut saltim aliquibus de vestro consilio machinosis a nonnullis credi poterit imputandum.   Et quia vile nobis esset et indecens ut nostro negocio taliter impedito vestrum pateremur negocium cum condicta et inchoata jam celeritate procedere, honori vestro ac eciam commodo multum expedire conspicimus ut ordine nostri condicti prenotati servato dictas

[Fo. 277.] revocaciones sigillari sine | moroso diffugio procuretis ;

ipsam vero revocacionem impossibile foret de juris permissione proced nisi in ea tales exprimerentur errores qui factum detegent penitus esse nullum ; alias enim suam non posset revocare sentenciam quoquo modo.   Scribimus super hoc thesaurario ut ipse suas super hoc litteras dirigat . . archidiacono memorato ; nec miremini si nostro negocio contra condictum ut prenotatur infecto vestra forsan libere non procedant, voluimus enim servare condictum et honori nostro prospicere sicut decet.   Valete semper in Christo.   Datum apud Suhtmallyng' vj id. Aprilis consecracionis et cetera.

_____

[April 19th, 1300.   Letter to the abbot of St. Werburgh, Chester, requesting him to present John de Ros to the benefice of Aston-on-Trent.]

ABBATI CESTR' SUPER ECCLESIA DE ASTONE.—Robertus et cetera religioso viro . . abbati sancte Wereburge Cestr' salutem. A memoria nostra non excidit qualiter ad ecclesiam de Astone super Trentam vestri patronatus Thomam de Schorham vestrum ac eciam nostrum clericum, cui in quadam modica pensione tenebamini ea vice partim ad vestram exoneracionem et magis ut credimus nostri intuitu liberaliter presentastis.   Et quia idem Thomas ex certis causis ipsam ecclesiam, si eam alicui persone idonee ad nostrum beneplacitum assignari speraret, sicut didicimus resignare proponeret, et id idem tam sibi quam eciam ipsi ecclesie insuper et vobis vestroque monasterio juxta propositum quod inde concepimus et tenemus pro firmo credimus profuturum, ad hoc dirigentes nostre consideracionis intuitum vos rogamus quatinus dilectum et familiarem clericum nostrum magistrum Johannem de Ros juris civilis professorem, quem utilem in hac parte vobis et eidem ecclesie pro firmo reputamus idoneum, in eventum resignacionis predicte si fiat, ad sepedictam ecclesiam caritatis intuitu et nostris uberius precibus presentetis ; quod si fiat habebimus valde gratum. Velle vestrum super hoc nobis poteritis intimare. Valete. Datum apud Suhtmallynge xiij° kal. Maii, consecracionis.

[*April 27th, 1300. Letter to the prior and convent of Hardham, forbidding them to permit the late prior, who was deprived of his office by the Archbishop and sent to stay at Tortington priory, to return to Hardham.*]

PRIORI ET CONVENTUI DE HERIETHAM DE R. QUONDAM PRIORE SUO.—Robertus et cetera priori et conventui de Heryngham salutem et cetera. Cum pro vestra tranquillitate et statu idoneo domus vestre de mora fratris Roberti de Bodeketon', nuper ejusdem loci prioris ac per nos ex certis et sufficientibus causis a regimine prioratus ejusdem amoti, in prioratu de Tortynton' vestri ordinis vestrisque sumptibus facienda salubriter prout expedire speramus consilio deliberato duxerimus ordinandum, vobis in virtute obediencie et sub pena canonice districcionis firmiter inhibemus ne ipsum fratrem R., si ad vos forsan redire voluerit, in domo vestra vestrove collegio sine nostra speciali licencia quandolibet admittatis: quod si secus feceritis vos ut nostri mandati canonici transgressores acriter puniemus. Mittatis quoque celeriter ipsi fratri R. ad dictum prioratum de Tortynton' pannos suos et alia sibi conveniencia prout status sue religionis exigit et requirit ; de suis quoque sumptibus per vos durante sua mora hujusmodi ministrandis ordinare proponimus, vobisque id nostris litteris tempore competenti curabimus intimare. Valete. Datum apud Suhtmallynge v kal. Maii anno domini M°. ccc°. consecracionis nostre sexto.

[*April 27th, 1300. Letter to the prior and convent of Tortington desiring them to admit the late prior of Hardham to stay in their house, and to notify the Archbishop what sum will be required from the prior and convent of Hardham to meet the expense.*]

PRIORI ET CONVENTUI DE TORTYNTON' SUPER ADMISSIONE R. QUONDAM PRIORIS DE HERIETHAM.—Robertus priori et con-

ventui de Tortynton' salutem. Quia nos nuper in nostra visitacione quam fecimus in monasterio de Heryngham vestri ordinis
fratrem Robertum de Bodeketon' tunc priorem loci ejusdem ex
certis et sufficientibus causis a cura et regimine prioratus ejusdem
absolvuimus alio priore per canonicam eleccionem ibidem postmodum ordinato, ac eciam ex post facto videntes quod idem Robertus inter fratres prioratus ipsius cum eorum et ejusdem Roberti
quiete adhuc non poterit commode commorari, ut tam eis quam
sibi per providenciam temporalem paretur in hac parte tranquillitas, vestre congregacionis consorcium de quo ex sepius preauditis
bonam opinionem concepimus ad subscripta specialiter duximus
eligendum, rogantes intimius et ex corde quatinus ipsum fratrem
R. pro ejusdem informacione idonea quam inde ex vestra mutua
conversacione speramus ad tempus, videlicet quousque aliud super
hoc per nos ordinatum extiterit, sumptibus sue domus predicte ad
vestrum beneplacitum ministrandis velitis admittere graciose.
Voluimus autem ut ipse tanquam simplex canonicus in vestro collegio moram trahat, de cujus sumptibus videlicet quantum in
ebdomada pro eo velitis recipere nobis celeriter intimetis ; et nos
statim priori et conventui de Herygham antedictis mandabimus, ut
sumptus ipsos celeriter vobis mittant, super quo ipsos jam fecimus
premuniri, ac eciam eis scripsimus ut pannos et alia ipsi fratri juxta
ipsius condicionem et statum conveniencia illico sibi mittant.
Nostrum quoque in hac parte rogatum in quo commodum animarum et religionis honestatem ac eciam religiosorum quietem
dumtaxat cum vestra in omnibus indempnitate conspicimus omni
excusacione cessante voluimus adimpleri, vos vestrumque colle-
gium proponentes exinde in affeccionem deducere pociorem. Valete.
Datum apud Suhtmallynge v Kal. Maii anno domini M°. ccc^mo.
consecracionis nostre sexto.

[Fo. 277^v.]

[*May 15, 1300.   Mandate to assist the executors of the late Sir John de Cobham
in the administration of his estate.*]

COMMISSIO ADMINISTRACIONIS BONORUM DOMINI J. DE COBE-
HAM.[1]—Universis episcopis archidiaconis decanis propositis eorumque officialibus et ceteris jurisdictionem seu administracionem
ecclesiasticam vel secularem habentibus in Cantuariensi provincia
constitutis Robertus et cetera eternam in domino salutem. Noveritis
nos concessisse domino Thome de Chartham magistro Thome de
Cobeham et ceteris executoribus testamenti domini Johannis de

---

[1] Dagger mark in margin.

Cobeham militis defuncti administracionem bonorum omnium
ejusdem defuncti, recepto prius ab eisdem juramento in forma
juris quod diligenter in eisdem bonis administrabunt et raciocinia
super administracione sua hujusmodi fideliter reddent cum fuerint
requisiti.   Quocirca vobis omnibus et singulis firmiter injungendo
mandamus quatinus eisdem executoribus de bonis dicti defuncti
ubicunque et in quibuscunque rebus existentibus infra districtum et
potestatem vestram faciatis integre responderi.   Valete.   Datum
apud Odymere Id. Maii anno domini M°. ccc^{mo}. consecracionis
nostre sexto.

[*May 23rd, 1300.   Letter to the prior and convent of Lewes, patrons of the
living of Ditchling, informing them that at his recent visitation the Archbishop declared the living vacant because the rector was under age and not
in orders, and desiring them to present a suitable person.*]

PRIORI ET CONVENTUI DE LEWES DENUNCIACIO VACACIONIS
ECCLESIE DE DYCHENINGE.—Robertus et cetera religiosis viris . .
priori et conventui de Lewes salutem.   Cum nuper decanatum
Lewensem jure nostro metropolitico visitantes ecclesiam de Dycheninge ejusdem decanatus vestri patronatus ut dicitur, racione minoris
etatis et defectus ordinum Stephani de Lauhton', qui se gessit pro
rectore ejusdem, observato juris ordine qui requirebatur in hac parte
vacare per sentenciam declaraverimus ipso jure, vobis eandem vacacionem tenore presencium intimavimus ut eidem ecclesie propter
vacacionis periculum quatenus in vobis est de persona curetis
idonea providere.   Datum apud La Leghe juxta la Rie. x° kal.
Junii anno domini M°. ccc^{mo}. consecracionis nostre sexto.

[*May 23rd, 1300.   Letter to the prior and convent of Lewes recommending the
bearer, Edmund de Newenton, as a suitable person to be presented to the
living of Ditchling.*]

EISDEM UT PRESENTENT MAGISTRUM E. DE NEWENTON AD
EANDEM.—Robertus religiosis viris . . priori et conventui de
Lewes salutem graciam et honorem.   Licet ob vestri et episcopi
Cycestrensis dyocesis vestri defectum qui ad presentacionem vestram
minorem et inhabilem ad ecclesiam de Dycheninge vestri patronatus
admisit, effluxo maxime tempore semestri tam eidem episcopo quam
vobis competenti in vacacione hujusmodi, sicut nuper in visitacione
nostra comperimus, possemus jure nobis devoluto statim eidem
ecclesie de persona idonea providisse, volentes tamen ad presens
vobis deferre de gracia speciali, sicut per alias intendimus, magistrum Edmundum de Newenton latorem presencium vite laudabilis

sciencia et moribus insignitum vobis recommendamus ad dictam ecclesiam presentandum ut sic vestro juri licet amisso hac vice nichil detrahere videamur. Valete. Datum ut supra.

[*Undated.   Letter to Peter of Leicester, baron of the exchequer, informing him that the Archbishop has sanctioned the arrangement with the executors of Master William de Montfort by which Sir William de Montfort may reoccupy the manor of Ramenham.*]

DOMINO P. DE LEYCESTR' PRO DOMINO W. DE MONTEFORTI. —Robertus domino Petro de Leycestria salutem. Quia in festo sancti Johannis proximo futuro tenebuntur executores testamenti magistri Willelmi de Monteforti domino Willelmo de Monteforti militi nomine executorio pro dicto defuncto in triginta libris sterlingorum de arreragiis solucionis firme manerii de Ramenham, ac in festo sancti Johannis extunc ad annum sibi in decem libris pro illo termino continget eosdem executores teneri, idemque dictus Willelmus affectans pro commodo suo dictum manerium suum rehabere paratus sit statim dictis executoribus prefatas XXX libras de arreragiis allocare, et ulterius de XL solidis sterlingorum qui supererunt de estimacione ejusdem manerii per annum et de valore fructuum ultimi autumpni allocato sibi X libras pro firma ultimi anni sibi debitas satisfacere eisdem ut sic possit manerium suum habere, placet nobis quod hoc sibi fiat cum nichil exinde defuncto vel executoribus suis decrescat et prefato domino Willelmo possit ex hoc aliqualis forsan utilitas provenire. Valete. Datum apud Muchelham.

[*May 15, 1300.   Letter to the lady Margaret of Penhurst admonishing her to make restitution for the wrongs done by her bailiffs to the rectors of Ewhurst and Beckley, of which the Archbishop was informed at his recent visitation of the deanery of Dallington, in the diocese of Chichester.*]

DOMINE MARGARETE DE PENESHERST SUPER RESTITUCIONE DECIMARUM.—Robertus dilecte filie domine Margarete de Penesherst salutem. Nuper in decanatu de Dalynton Cycestrensis diocesis visitacionis officium excercentes invenimus quod per ballivos et ministros vestros in parochia de Iherst ejusdem decanatus pastura quinque vaccarum rectori et ecclesie sue de Iherst indebite subtrahitur, idemque rector et ecclesia eadem pastura in cujus possessione hactenus extiterunt per ministros vestros contra justiciam spoliantur in juris et libertatis ecclesiastice lesionem et grave periculum animarum ; insuper et quod iidem ballivi vestri rectori et ec-

clesie de Beckele ejusdem decanatus mortuaria tenencium vestrorum
parochianorum ejusdem ecclesie similiter indebite subtrahunt et eas
solvere contradicunt. Quocirca vos monemus et hortamur in domino
Iesu Christo et nichilominus sub pena districcionis canonice firmiter
injungendo mandamus quatinus dictis ecclesiis de Iherst et de
Beckele sua jura predicta, que non credimus de consciencia vestra
set magis ex inordinata voluntate ballivorum vestrorum in dictis
locis fuisse subtracta, plene et integre restitui faciatis sine mora, ne
excommunicacionis periculum iminens consentientibus jura ecclesiastica subtrahi vel diminui, quod absit, aliqualiter incurratis ; ut
devocionis vestre zelum pro statu ecclesiastico commendemus. Et
licet citate in dicta visitacione pro premissis non comparueritis quoquo modo vestram tamen contumaciam propter sexus verecundiam
punire dissimulavimus sub spe satisfaccionis congrue faciende in hac
parte.   Quid tamen super hiis duxeritis faciendum per vos contra
festum Pentecostes certificari volumus oportune.   Valete.   Datum
apud Bixle id. Maii anno domini M⁰. cccᵐᵒ. consecracionis nostre
sexto.

May 26th, 1300.   Mandate to the Archbishop's commissary to cite William de
Haleberge, notorious for non-residence, to return to the parish church of
Charing before June 11th.]

CITACIO MAGISTRI W. DE HALEBERGE SUPER NON RESI-
DENCIA [1].—Robertus magistro Martino commissario nostro Cantuariensi salutem.   Licet ecclesie parochiali de Charrynge nostre
Cantuariensis diocesis a magistro Willelmo [2] de Haleberge diucius
occupate et detente, eodem magistro Willelmo per absenciam suam
absque causa racionabili et sine licencia nostra ipsam multotociens
deserente, et per contrarios actus officia secularia excercendo navi-
gando et ad partes extraneas et longinquas se transferendo et per
varia loca remota a dicta ecclesia sua et extra nostram dyocesim
sepius devagando verisimiliter pro derelicta habente, sicut dudum
eandem visitantes ecclesiam inter cetera comperimus iniqua, in qua
pocius tenebatur personaliter residere, de alia persona idonea que
curam ejus per se gereret possemus hactenus canonice providisse,
volentes tamen adhuc micius agere cum eodem, tibi committimus et
mandamus quatinus eidem magistro Willelmo, si in nostra diocesi
personaliter poterit inveniri, denuncies seu denunciari facias quod
citra festum sancti Barnabe apostoli ad dictam ecclesiam suam redeat
facturus in ea residenciam sicut ejus cura et jus exigit et requirit ;

---

[1] Hand in margin.   [2] MS. repeats Willelmo.

alioquin si latitet vel hujusmodi denunciacio ad eum de facili
     nequeat pervenire trine citacionis edicto in dicta ecclesia
[Fo. 278.] sua | puplice proposito, cites eundem seu citari facias quod
     ad eam redeat et hujusmodi residenciam sicut convenit
faciat personalem. Et nichilominus quod compareat coram nobis
quarto die juridico post idem festum ubicumque tunc et cetera,
penam sue non residencie predicte sicut justum fuerit recepturus
facturusque ulterius quod dictaverint canonice sancciones. Et quid
feceris in premissis nos dictis die et loco distincte et aperte certifices
et cetera. Datum apud Wodecherche vij kal. Junii anno domini
M°. ccc°. consecracionis nostre sexto.

[*May 30th, 1300. Mandate to the Archbishop's commissary to go in person
before June 11th and remove the men and servants of John de Langton, who
are in possession of the church of Reculver, its chapels and houses.*]

COMMISSIO AD REMOVENDUM HOMINES J. DE LANG' AB EC-
CLESIA DE RACOLVERE.—Robertus magistro Martino commissario nostro Cantuariensi salutem. Ad amovendum ab ecclesia de
Racolvere ejusque capellis et domibus pertinentibus ad easdem
homines et ministros domini Johannis de Langton' et alios quoscunque existentes in eis preter voluntatem Thome de Chartham
rectoris ejusdem ecclesie, tibi cum canonice cohercionis potestate
committimus vices nostras, districte mandantes quatinus ad ipsa
loca quam cicius poteris personaliter declinando presens mandatum
citra festum sancti Barnabe apostoli cum omni diligencia efficaciter
exequaris. Datum apud Aldyngton' iij kal. Junii anno domini
M°. ccc^mo. consecracionis nostre sexto.

[*Undated.* • *Commission to the rector of Chevening to absolve the parishioners
of Rolvenden.*]

COMMISSIO AD ABSOLVENDUM PAROCHIANOS ECCLESIE DE
ROLVYNDENNE.—Robertus magistro Hugoni de Forsham rectori
ecclesie de Chyvenninge nostre immediate jurisdiccionis salutem.
Ad absolvendum in forma juris parochianos ecclesie de Rolvyndenne
a majoris excommunicacionis sentencia quam racione violente
detencionis dicte ecclesie seu occupacionis bonorum ejusdem consilii vel auxilii super hoc prestiti aliqualiter incurrerunt, et ad im-
ponendum eis pro culpe modo penitenciam salutarem, et cetera
omnia faciendum circa premissa que saluti proficiunt animarum,
tibi cum cohercionis canonice potestate vices nostras committimus
per presentes. In cujus rei testimonium et cetera.

---

*[Undated.   Admonition to the preceptor of the Hospitallers of Sutton at Hone
to refrain from summoning the prioress of Davington to appear in person
at his manorial court.]*

PRECEPTORI DE SUTTON' QUOD NON COGAT PRIORISSAM DE
DAVENTON' MONASTERIUM SUUM EGREDI PRO SECTA ET CETERA.—
Robertus et cetera magistro seu preceptori de Sutton' salutem.
Querela dilecte in Christo filie .. priorisse monialium de Davynton'
nostre diocesis ad nos pervenit quod, licet dudum auctoritate sanctissimi patris nostri domini Bonifacii divina providencia pape octavi
dicte priorisse et ceteris monialibus suis secundum tenorem et
effectum constitucionis[1] ejusdem sanctissimi patris super hoc edite
sub gravibus penis interdixerimus a monasterio suo egressum, ut
separate a mundanis spectaculis deo valeant secundum religionis
honestatem liberius deservire, vos tamen eandem priorissam pro
temporalibus que tenet a vobis distrinxistis graviter pro secta curie
vestre personaliter facienda.   Ne igitur dicta priorissa ob hoc
causam seu occasionem habeat devagandi, vos monemus et hortamur
in domino Iesu Christo quatinus procuratorem seu attornatum
dicte priorisse ad faciendum hujusmodi sectam curie pro eadem
admittatis, districciones factas pro personali secta hujusmodi penitus
relaxantes et a similibus imposterum abstinentes sub pena canonice
districcionis.   Alioquin tenore presencium vos citamus quod
coram nobis compareatis proximo die juridico post festum sancti
Botulphi abbatis ubicumque et cetera, precise proposituri et
quatenus jus patitur ostensuri quare vos ad hoc compellere auctoritate predicta minime debeamus, presertim cum non solum ex debito
nostre obediencie verum propter religionis honestatem et animarum
periculum ad hoc obnixius ex officio teneamur.   Et quid super hiis
facere decreveritis nos dictis die et loco significetis per vestras
patentes et cetera.

---

*[June 6th, 1300.   Mandate to the Bishop of London's official to execute the
mandate previously received to cite those persons who had levied illegal tolls
on the Archbishop's tenants in Lambeth and Southwark to appear before
the Archbishop.]*

OFFICIALI LONDON' AD INQUIRENDUM DE NOMINIBUS DISTRIN-
GENCIUM TENENTES DOMINI PRO PESAGIO ET CETERA.—Robertus
et cetera officiali Londoniensi salutem.   Meminimus vobis alias nostris
dedisse litteris in mandatis quod omnes illos qui homines et tenentes
nostros de Lameheth' et de Suthwerk' distrinxerunt captis pignori-

---

[1] Sext. Lib. III, Tit. xvi, *Corpus juris canonici*, ed. Friedberg, ii, pp. 1053,
1054.

bus vel alias ad prestacionem pedagii muragii pontagii pesagii vel
alterius teolonii quocunque nomine appelletur, a quibus sunt et
hactenus semper fuerunt ex speciali prerogativa libertatis ecclesie
nostre liberi, denunciaretis in genere excommunicatos; inquirendo de
nominibus eorundem et culpabiles inventos per inquisicionem coram
nobis citando ad dictum terminum assignatum, et nos de hiis omnibus certificando, prout in eisdem litteris plenius contineri (*sic*); set
vos, licet terminus vobis statutus sit effluxus, nos hucusque certificare
super hiis non absque contemptu et inobediencia minime curavistis,
propter quod ex officio nostro super hujusmodi contemptu contra
vos procedere non immerito deberemus.　Volentes tamen vobis sic
parcere ista vice, quod facilitas venie vobis non pararet audaciam
iterum delinquendi, vobis mandamus in virtute obediencie et sub
pena districcionis canonice quatinus mandatum nostrum predictum,
denunciando et inquirendo et ad proximum diem juridicum post
festum nativitatis sancti Johannis Baptiste culpabiles per inquisicionem vestram citando coram nobis ubicumque et cetera
secundum formam priorum litterarum, vel istarum effectum si ille
forsan non inveniantur, exequamini cum omni diligencia sine mora ;
ad quos diem et locum nos congrue certificetis de hiis que feceritis
in hac parte.　Datum apud Aldyngton' viij id. Junii anno et cetera.

[*June 15th, 1300.　Mandate to the Dean of the Arches to publish the sentence
of excommunication on Juliana Box in the deanery, and in the archdeaconry
of London, and to proceed likewise against those persons who communicate
with her.*]

DECANO DE ARCUBUS AD INQUIRENDUM DE COMMUNICANTIBUS
CUM JULIANA BOX ET EXCOMMUNICANDUMEOSD EM—Robertus . .
decano de arcubus London'.　Quia, ut ex fidedignorum certa
relacione recepimus, Juliana quondam uxor Henrici Box civis
Londoniensis defuncti, majoris excommunicacionis sentencia auctoritate nostra pro suis excessibus innodata, in sentencia eadem pertinaciter perseverans indifferenter fidelium communioni se ingerit omni
die, et quamplures contra nostram inhibicionem cum ea scienter in
periculum animarum suarum communicant, vobis committimus et
mandamus quatinus sentenciam ipsam contra dictam Julianam in
singulis dicti decanatus ecclesiis per presbiteros parochiales earum,
necnon in singulis ecclesiis archidiaconatus Londoniensis per
officialem archidiaconi loci ejusdem singulis diebus dominicis et
festivis intra missarum sollempnia publicari sollempniter facientes,
et de nominibus hujusmodi communicancium sepius ac diligencius
inquirentes seu facientes inquiri, omnes communicantes hujusmodi

cum de eis constiterit post inquisiciones canonicas dicta excommunicacionis sentencia innodetis; facientes eam dictis diebus et
locis coram clero et populo intra missarum solempnia publicari,
contra communicantes eosdem tam diligenter et sollicite per subtraccionem communionis et aliis modis licitis procedentes, ut ipsa
rubore confusa ad ecclesie gremium cicius redeat et singuli ab
hujusmodi communione se subtrahant in futurum. Nos quoque
super hiis certificetis idonee quociens id expedire videritis, vel inde
fueritis congrue requisiti. Datum apud Chartham xvij° kal. Julii
anno domini M°. ccc^{mo} consecracionis nostre sexto.

[*June 23rd, 1300. Mandate to the Archbishop's commissary to publish the
names of six Franciscan friars whom the Archbishop has licensed to hear
confessions in the diocese, in accordance with the bull* Super Cathedram
issued by Boniface VIII on February 18th, 1300.]

[Fo. 278^v.]

SUPER ADMISSIONE FRATRUM MINORUM AD AUDIENDUM CON-
FESSIONES.—Robertus magistro Martino commissario Cantuariensi
salutem. Quia fratribus minoribus inferius nominatis et nobis post
licenciam et graciam nostram a provinciali ministro ipsius ordinis
ad subscripta petitam et optentam juxta constitucionem[1] novellam
domini pape ad id specialiter presentatis, videlicet fratribus Radulpho
de Wodehoye, Johanne de Kevelden', Johanne de Bedewynde,
Willelmo de Dele, Rogero Malemeyns, et Thome de Malmesbur',
licenciam in forma constitucionis ejusdem nuper dedimus specialem,
ut confessiones quorumcumque utriusque sexus nostre Cantuariensis
dyocesis eisdem fratribus vel eorum alicui sua peccata confiteri
volencium audiant, et eis imponant penitencias salutares ac beneficium absolucionis impendant donec aliud super hoc duxerimus
ordinare, tibi committimus et mandamus quatinus id in dicta forma
publices seu publicari facies locis et temporibus oportunis. Et nos
inde certifices cum super hoc fueris congrue requisitus. Datum
apud Chartham ix° kal. Julii anno domini M°. ccc° consecracionis
nostre sexto.

[*June 24th, 1300. Receipt given by the Archbishop for money received from the
mint at Canterbury.*]

DE PECUNIA RECEPTA DE CAMBIO CANT'.[2]—Noverint universi
presentes litteras inspecturi quod nos Robertus permissione divina
et cetera recepimus a Willelmo de Kirkeby clerico de cambio

---

[1] Clementin. Lib. III, Tit. vii, cap. ii, *Corpus juris canonici,* ed. Friedberg, ii,
pp. 1161-4.

[2] Hand in margin.

domini regis apud Cantuariam per manus domini Roberti de Bente-
leye clerici nostri centum septuaginta quatuor marcas novem denarios
sterlingorum, quas magister Willelmus de Swanton' clericus noster
de eodem cambio nomine nostro tradidit Johanni de Ramesey,
camsori ipsius cambii, necnon et ducentas marcas sterlingorum
de exitibus et lucro ejusdem cambii ad nos spectantibus, de quibus
trecentis septuaginta quatuor marcis et novem denariis nobis fatemur
esse plenarie satisfactum. In cujus rei testimonium. Datum apud
Otteford' viij° kal. Julii.

[*June 30, 1300. Appointment of Willam de Sardinia as vicar-general for the
diocese and province of Canterbury during the Archbishop's absence.*]

CONSTITUCIO VICARII IN SPIRITUALIBUS IN ABSENCIA DOMINI.
—Robertus permissione et cetera dilecto filio magistro Willelmo
de Sardinia officiali curie nostre Cantuariensi salutem. De mandato
sanctissimi patris nostri domini Bonifacii divina providencia pape
octavi ad partes remotas extra nostram provinciam pro quodam
nuncio apostolico domino nostro regi Anglie illustri personaliter
exponendo, nos ad tempus prout ex injuncto astringimur trans-
ferentes, vos, donec redierimus, vicarium nostrum in spiritualibus
tam in nostra diocesi quam provincia constituimus generalem ad
supplendum in hiis interim vices nostras. In cujus rei testimonium.
Datum apud sanctum Albanum ij° kal. Julii anno domini M°. ccc^{mo}.
consecracionis nostre sexto.

[*July 11th, 1300. Notification that the abbot and convent of Basingwerk have
been absolved from the sentence of excommunication for infringing the bull
Clericis laicos.*]

ABSOLUCIO ABBATIS ET CONVENTUS DE BASINGWERK' PRO
PROTECCIONE.—Pateat universis quod nos Robertus permissione
divina et cetera venerabilis patris domini Mathei dei gracia Portuensis et sancte Rufine episcopi sanctissimi patris domini Bonifacii
pape viij penitenciarii in hac parte commissarius religiosos viros . .
abbatem et conventum monasterii de Basingwerk' Cisterciensis
ordinis Assavensis diocesis ab excommunicacionis et interdicti
sentenciis, quas incurrerunt pro eo quod ipsi olim, propter vim et
metum qui cadere poterat in constantem, nunciis vel ministris seu
collectoribus illustris regis Anglie contra constitucionis tenorem
sanctissimi patris predicti collectas et exacciones eis impositas persolverunt, juxta formam ecclesie absolvimus, prestita primitus ab
eisdem idonea caucione de stando mandatis ecclesie et de faciendo
illam penitenciam quam sedes apostolica duxerit injungendam,
ipsisque ad tempus quod sibi moderavimus a suorum ordinum

execucione suspensis, postmodo suis suffragantibus meritis cum de
nullo alio canonico impedimento nobis constaret cum ipsis super
irregularitate quam ea occasione contraxerant immiscendo se
divinis dum fuerant sic ligati, auctoritate nobis commissa dispen-
savimus prout saluti anime sue credidimus expedire ; interdictum
cui dictus conventus de Basingwerk' ea occasione erat suppositus
auctoritate predicta penitus ammoventes. In et cetera. Datum
apud Wygan v° id. Julii.

[*June 29th, 1300. Monition to the Abbot of Waltham, appointed with the
Abbots of Westminster and Bury St. Edmunds, as a conservator of the bull
of Boniface VIII confirming the privileges and exemptions of the monastery
of St. Augustine's, Canterbury, issued 27 February, 1300*[1], *to beware of acting
in a case to which the exemption does not apply.*]

ABBATI DE WALTHAM SUPER EXCESSIBUS ABBATIS ET CON-
VENTUS SANCTI AUGUSTINI CANT'.—Robertus religioso viro et
discreto domino .. abbati de Waltham sancte Crucis Londoniensis
diocesis salutem in domino sempiternam. Ut fines conservacionis
vestre de exempcionibus abbati et conventui sancti Augustini Cantuarie ut dicitur de novo concessis pro vestro honore et commodo
caucius observetis, mittimus vobis excessus quos dicti religiosi sancti
Augustini de novo commiserant ad quos dicte exempciones minime
se extendunt ; a quibus quatenus de facto processerant nuper ad
sedem apostolicam duxerimus appellandum ; unde si per falsas sug-
gestiones ad vos inde recursum habuerint asserendo mendaciter
eorum exempciones hujusmodi nos lesisse, caute si placet prospicite,
quod nulla jurisdiccio est eis per dictas exempciones, quod adhuc
sciatur, tributa, nec ad facta hujusmodi excessiva se dicte exempciones extendunt, et sic per consequens nec vestre conservacionis
officium, maxime cum nos nuper ipsos religiosos in forma constitucionis novelle per sanctissimum patrem dominum Bonifacium
papam octavum de privilegiis[2] edite requiri fecerimus, facta eis
plena notificacione de excessibus antedictis, quod privilegia, si que
super hiis habent, coram viris prudentibus et discretis ac eciam non
suspectis et in loco congruo certo die per nos in requisicione hujusmodi assignatis eisdem ostendant, et si per ea constiterit ipsos
super hiis sufficienter esse munitos, parebimus eis in omnibus
reverenter. Consideretis igitur quantum sit vobis periculum vires
conservacionis vestre ad inpertinencia sub conservacione hujusmodi

---

[1] The bull is in Thorne, *Chronica de rebus gestis abbatum S. Augustini
Cantuarie*, cf. *Scriptores Decem*, ed. R. Twysden, pp. 1971-4 ; *Cal. of Papal
Letters*, i, p. 584.

[2] Sext. Lib. V, Tit. vii, ' De privilegiis ', *Corpus juris canonici*, ed. Friedberg,
pp. 1082-9.

non inclusa, vel forte ad ea que judicialem indaginem exigunt et requirunt extendere quoquo modo, quia per hoc incurretis ipso facto, quod absit, suspensionem per annum, et id procurantes majoris excommunicacionis sentenciam juxta aliam constitucionem novellam incurrent similiter ipso facto.   Videte igitur tam zelo justicie quam eciam pro vitando periculo ut caute super hiis ambuletis.   De amicicia eciam vestra et consciencie puritate in tantum confidimus quod nichil injustum vel inhonestum contra nos scienter aut ecclesiam nostram Cantuariensem attemptabitis in hac parte.   Valete. Datum apud Harewes iij kal. Julii anno domini Mᵒ. cccᵐᵒ consecracionis nostre sexto.

[*Similar monitions were sent to the Abbots of Westminster and Bury St. Edmunds.*]

DE EODEM.—Memorandum quod consimile mandatum exivit . . abbati Westmonasterii Londoniensis diocesis.   Et aliud . . abbati sancti Edmundi Norwycensis diocesis.

[*Undated.   Letter to the custodian of the Franciscan custody of London and the guardian of the Franciscan house of Canterbury licensing Friar Michael of Merton to hear confessions in the diocese of Canterbury, by request of Henry Earl of Lincoln, on condition that the number of six friars thus licensed is not exceeded, and that he is substituted for another friar.*]

SUBROGACIO FRATRIS MICHAELIS DE MERTON' DE ORDINE MINORUM LOCO ALTERIUS PRIUS ADMISSI AD AUDIENDUM CONFESSIONES ET CETERA.—Robertus religiosis viris custodi London' et gardiano fratrum minorum Cantuarie salutem et sincere caritatis augmentum.   Precibus nobilis viri domini comitis [Fo. 279.] | Lincoln' instancius excitati cum fratre Michaele de Merton' vestri ordinis volentes agere graciose licenciam vobis concedimus eundem fratrem M., si sufficiens idoneus et discretus fuerit, ad audiendum contessiones subditorum nostre diocesis penitencias imponendum eisdem ac absolucionis beneficium impendendum, cui super hiis concessimus vestram graciam loco alterius fratris super hoc a provinciali ministro presentati nobis et admissi caucius subrogandi; ita ut non excedatur senarius numerus primitus in eadem nostra diocesi admissorum.

[*September 26th, 1300.   Monition to the Mayor and corporation of London that no one shall have any intercourse whatsoever with Ralph of Honilane, vintner, who has been under sentence of excommunication for over three years.*]

MONICIO SUPER VITACIONE RADULFI DE HONILANE VINETARII EXCOMMUNICATI.[1]—Robertus permissione divina et cetera dilectis

---

[1] Hand in margin.   In a later handwriting: Testamentum de Lond'.

filiis . . majori et communitati civitatis Londoniensis salutem et
cetera. Quia Radulphus de Honilane vinetarius executor testamenti
quondam Thome le Lyndraper civis Londoniensis jam defuncti auctoritate curie nostre Cantuariensis majoris excommunicacionis sentencia rite et legittime dudum extitit innodatus, ipsamque sentenciam
per triennium et amplius tanquam filius inobediencie dampnabiliter
sustinuit animo indurato, et adhuc in eadem non absque heretica
pravitate contemptis ecclesie clavibus pertinaciter perseveret, sicque
excommunicatus eciam cum communicantibus eidem fuisset solempniter per totam civitatem Londoniensem diu est notissime publi-
catus, ac velud obduratus eo magis fidelium communioni se ingerat
alios sua contagione maculando, multique filii degeneres proprie
salutis immemores vigoremque discipline ecclesiastice contempnentes
eidem communicando impudenter non formident ejusdem sentencie
laqueo cum eodem involvi. Nolentes tanta dei et hominum offendi-
cula catholice fidei contraria sub connivencie et dissimulacionis
clamide pertransire, ne oberrancium in deviis, quos ad viam vite
revocare tenemur, sanguis a tremendo judice de nostris manibus
requiratur, vobis omnibus et singulis tam perhorrende communionis
periculum, quod nemini per captatam ignoranciam volumus esse
occultum, tenore presencium intimamus in virtute sancte obediencie
et sub interminacione maprocessing malediccionis eterne nichilominus firmiter
injungendo mandantes, quatinus dictum Radulphum in omnibus
tractatibus et convocacionibus vestris tanquam membrum putridum
ecclesie diaboloque commissum diligenter vitare curetis ; ob salutem
eciam animarum inhibentes districte ne quis cum eodem Radulpho
edendo bibendo emendo vendendo locando conducendo mercando
colloquendo seu quovis alio modo illicite communicare presumat,
scientes quod contra rebelles in hac parte inventos manus non
retardabitur correctiva. Valete. Datum apud Croydon' vj kal.
Octobris anno domini M⁰. ccc^{mo}. consecracionis nostre septimo.

[*Undated. Notification that the abbot and convent of Barlings have been
absolved from the sentence of excommunication for infringing the bull
Clericis laicos.*]

ABSOLUCIO . . ABBATIS ET CONVENTUS DE BARLYNG' LIN-
COLNIENSIS DIOCESIS PRO PROTECCIONE REGIA AUCTORITATE
APOSTOLICA.—Noverint universi quod nos Robertus permissione
divina et cetera auctoritate nobis specialiter commissa per venera-
bilem patrem fratrem Gentilem dei gracia tituli sancti Martini in
Montibus presbiterum cardinalem . . abbatem et conventum de
Barlinge Lincolniensis diocesis ab excommunicacionis sentencia,

quam incurrerunt pro eo quod dudum contra tenorem nove constitucionis sanctissimi patris nostri domini Bonifacii divina providencia pape octavi, per vim et metum qui cadere poterat in constantem, nunciis et ministris illustris regis Anglie tallias seu collectas de bonis suis ecclesiasticis persolverunt, imposita eis super hoc penitencia salutari, ipsisque ad tempus quod eis moderavimus a suorum ordinum execucione suspensis; super irregularitate quam sic ligati in suis ordinibus ministrantes incurrerint cum eisdem misericorditer auctoritate predicta postmodum dispensantes. In cujus rei et cetera. Datum Lincolnie et cetera.

———

[*October 1st, 1300. Grant by the Archbishop of the fruits for the past year of Burham church in the diocese of Chichester, to William de Irton, treasurer of Chichester.*]

CONFERT FRUCTUS ECCLESIE DE BURUM AD THESAURARIAM ECCLESIE CYCESTRENSIS SPECTANTIS QUANTUM AD EUM PERTINET MAGISTRO WILLELMO DE IRTON'.—Robertus et cetera dilecto filio magistro Willelmo de Irton' salutem et cetera. Fructus et proventus ecclesie de Bourum Cycestrensis diocesis et alios ad thesaurariam Cycestrensis ecclesie pertinentes hactenus perceptos pro anno preterito tibi ex speciali gracia, quantum in nobis est, conferimus per presentes. In cujus rei testimonium et cetera. Datum apud Otteford' kal. Octobris anno domini Mᵒ. cccᵐᵒ. consecracionis nostre septimo.

———

[*October 8th, 1300. Letter to the sheriff of Middlesex forbidding him to summon the men and tenants of the Archbishop's manor at Harrow to attend the county court.*]

VICECOMITI MIDD' INHIBICIO NE TRACTET TENENTES DOMINI APUD HAREWES AD COMITATUM EXTRA LIBERTATEM SEU DISTRICCIONES FACTAS PER BALLIVOS DOMINI LIBERET.—Robertus dilecto filio . . vicecomiti Middlesex' salutem et cetera. Ex frequenti querela ministrorum manerii nostri de Harewes recepimus quod tu placita hominum et tenencium nostrorum et ecclesie nostre in eodem manerio, que in curia nostra ibidem infra libertatem nostram tractari debent et solebant, ad comitatum Middlesex' extra libertatem nostram eandem voluntarie trahis, districciones et attachiaciones per ballivos nostros ibidem factas temere liberando ac eciam relaxando, propter quod tanquam jurium et libertatum ecclesie nostre Cantuariensis temerarius violator ac perturbator majoris incurristi excommunicacionis sentenciam dampnabiliter ipso facto. Quocirca tibi inhibemus ne decetero in prejudicium libertatis nostre et ecclesie nostre predicte in anime tue salutis dispendium attemptare talia presumas, sed de commissis veniam petendo super hiis congruam satisfaccionem nobis et ecclesie quam offendisti plenius impendas, proprie tue saluti quam cicius salubriter consulendo ; alioquin debite ulcionis acrimoniam contra te pro defensione juris et libertatis ecclesiastice non tardabimus excercere. Quid autem super hiis duxeris faciendum nos citra festum omnium sanctorum certificare non tardes. Datum apud Otteford' viij id. Octobris anno domini et cetera consecracionis [nostre sexto].[1]

[*October 13th, 1300. Letter dimissory for William, son of Adam ate Twydole, enabling him to be ordained by the Bishop of Rochester, who will provide him with a benefice.*]

DIMISSORIE WILLELMI FILII ADE ATE TWYDOLE DE GILLING-HAM.— Robertus dilecto filio Willelmo filio Ade ate Twydole acolito salutem. Ut ab . . episcopo Roffensi volenti tibi de competenti beneficio providere valeas ad omnes sacros ordines promoveri, tibi, non obstante quod de nostra jurisdiccione immediata [Fo. 279ᵛ.] | existis dummodo aliud canonicum non obsistat, tenore presencium liberam concedimus facultatem. Ita tamen quod nos per hujusmodi licenciam administrare tibi vite necessaria vel beneficium providere minime teneamur. In testimonium vero premissorum sigillum nostrum presentibus est appensum. Datum apud Gillingham iij id. Octobris anno domini M°. ccc^{mo}. consecracionis nostre septimo.

[*October 27th, 1300. Notification by the Archbishop that he and the rectors of Boughton-under-Blean and Chartham have given a bond to repay a loan of £100 to Lapinus Rogeri, a merchant of Florence.*]

FORMA OBLIGACIONIS DOMINI ARCHIEPISCOPI W. DE SARDENA ET TH. DE CHARTHAM FACTE LAPINO ROGERI DE CENTUM LIBRIS STERLINGORUM.—Noverint universi quod nos, Robertus permissione divina et cetera, Willelmus de Sardena et Thomas ecclesiarum de Bocton' et de Chartham dyocesis Cantuariensis rectores, obligamus nos et quemlibet nostrum insolidum per presentes ad solvendum Lapino Rogeri de Florencia centum libras bonorum et legalium sterlingorum in festis Nativitatis sancti Johannis Baptiste proximo futuro et Assumpcionis beate Marie tunc sequente pro equalibus porcionibus ; quam quidem pecunie summam ab eodem Lapino mutuo recepimus ad utilitatem nostram et ecclesiarum nostrarum predictarum, eandemque dicto Lapino vel suo certo nuncio procuratori vel assignato presentes litteras deferenti terminis suprascriptis

---

[1] Omitted in MS.

solvere promittimus et tenemur sine dilacione majori : et hoc stipulacione sollempni legittime interposita. Ad quam solucionem faciendam similiter obligamus omnia bona secularia et ecclesiastica, presencia et futura ubicunque fuerint inventa, cohercioni districcioni et jurisdiccioni cujuslibet judicis ecclesiastici et secularis, et precipue justiciariorum quos dictus Lapinus eligere seu adire voluerit, vice-comitum ballivorum et ceterorum ministrorum domini regis Anglie, ut eadem bona pro sua voluntate capere distringere et detinere possint, usque ad plenam solucionem pecunie memorate et satis-faccionem omnium dampnorum interesse et expensarum, si quas dictus Lapinus ipsius nuncius procurator vel assignatus pro defectu solucionis predicte pecunie suis terminis ut premittitur non solute sustinuerint, quod absit, aliqualiter in hac parte ; ita tamen quod uno nostrum solvente ceteri liberentur. In cujus rei testimonium sigilla nostra presentibus litteris obligatoriis sunt appensa. Datum apud Chartham vj° kal. Novembris anno domini M°. ccc^{mo}.

[*October 27th, 1300. Mandate from the Archbishop to the keeper of the mint at Canterbury to pay £100 to Lapinus Rogeri, a merchant of Florence, on behalf of the Archbishop.*]

DOMINO JOHANNI CENDAL SUPER LIBERACIONE DICTE PECUNIE LAPINO.—Robertus dilecto filio domino Johanni Cendal custodi cambii domini regis salutem et cetera. Cum Lapinum Rogeri de Florencia fecerimus constituerimus et posuerimus procuratorem et attornatum nostrum ad recipiendum nomine nostro centum libras sterlingorum de exitibus cambii Cantuariensis nos contingentes, vos specialiter requirimus et rogamus quatinus dictam pecuniam pre-fato Lapino liberetis vice nostra. In cujus rei testimonium sigillum nostrum presentibus est appensum. Datum apud Chartham vj° kal. Novembris anno domini M°. ccc^{mo}. consecracionis nostre septimo.

[*November 12th, 1300. Mandate to the Archbishop's commissary to publish the names of six Dominican friars whom the Archbishop has licensed to hear confessions in the diocese in accordance with the bull* Super Cathedram, *issued by Boniface VIII on February 18th, 1300.*]

SUPER ADMISSIONE FRATRUM PREDICATORUM AD AUDIENDUM CONFESSIONES.—Robertus magistro Martino commissario nostro Cantuariensi salutem. Quia fratribus predicatoribus inferius nomina-tis et nobis post licenciam et graciam nostram a priore provinciali ipsius ordinis ad subscripta petitam et obtentam juxta constitucionem novellam domini pape ad id specialiter presentatis, videlicet

fratribus Edmundo de Amory, Johanni de Swanton', Waltero de
Cruce, Ricardo de Overlonde, Ricardo de Maydestan, et Waltero
de Moningeham, licenciam in forma constitucionis ejusdem nuper
dedimus specialem, ut confessiones quorumcunque utriusque sexus
nostre Cantuariensis diocesis eisdem fratribus vel eorum alicui sua
peccata confiteri volencium audiant, et eis imponant penitencias
salutares ac beneficium absolucionis impendant donec aliud super
hoc duxerimus ordinare, tibi committimus et mandamus quatinus
id in dicta forma publices seu publicari facies locis et temporibus
oportunis. Et nos inde certifices cum super hoc fueris congrue
requisitus. Datum apud Lyminge ij id. Novembris anno domini et
cetera consecracionis nostre septimo.

[*A similar mandate to the official of the Archdeacon of Canterbury to publish
the names of the six Dominican friars in the archdeaconry of Canterbury.*]

SUPER EODEM.—Item consimilis littera exivit . . officiali archidiaconi Cantuariensis ad publicandum in singulis locis archidiaconatus Cantuariensis.

[*November 13th, 1300. Mandate to the rural dean of Croydon to hold an
inquiry and cite the poachers in the Archbishop's park at Burstowe to appear
before him.*]

DENUNCIACIO CONTRA INTRANTES PARCUM DE BURSTOWE ET
FERAS INIBI CAPIENTES CUM INQUISICIONE FACIENDA.—Robertus . .
decano de Croydone salutem. Audito quod quidam malignitatis
filii de quorum nominibus ignoratur parcum nostrum de Burstowe
dicti decanatus, auctoritate propria seu temeritate pocius dei timore
postposito, in nostri prejudicium et contra libertatem ecclesie nostre
Cantuariensis violenter intrantes, feras nostras inibi existentes
ceperunt et furtive ausu sacrilego asportarunt; quos cum suis in
hac parte fautoribus non ambigitur ipso facto in majoris excommunicacionis sentenciam dampnabiliter incidisse. Ne malefactores
hujusmodi in statu dampnabili quod nostro periculo cederet in-
correcti remaneant vel alii ipsorum exemplo ad similia perpetranda
prosiliant, per que dictas libertates quas defendere ac sustinere
tenemur sepe, quod absit, contingeret violari, tibi committimus et
mandamus in virtute obediencie firmiter injungentes quatinus in
singulis ecclesiis dicti decanatus, in quorum vicinio dicta maleficia
commissa fuisse dicuntur, per tres dies dominicos aut festivos
proximos post recepcionem presencium intra missarum solempnia
coram clero et populo dictos malefactores et eorum super hoc
auctores seu defensores in genere excommunicatos esse, ut pre-

mittitur, facias puplice nunciari ; inhibens seu inhiberi in denunciacione hujusmodi faciens sub pena predicta ne quis de cetero talia
perpetrare seu ea attemptare conantibus super hoc quoquo modo
favere presumat. Et ad ecclesiam de Burstowe cum celeritate qua
oportune poteris personaliter postmodum accedens, publica in
eadem et aliis ecclesiis dicti decanatus denunciacione prehabita
quod omnes qui sua interesse crediderint inquisicioni sub-
[Fo. 280.] scripto si | eis videbitur oportunum intersint, per vicinos
rectores et vicarios ac alios per quos expedire credideris,
inquisicionem diligentem de eorum nominibus qui in sentenciam
prenotatam inciderint facias diligenter. Et quos per inquisicionem
ipsam aut rei evidenciam vel alio modo quocunque culpabiles super
hoc premissis inveneris aut notatos, peremptorie cites seu citari
facias quod compareant personaliter coram nobis tercio die juridico
post festum sancte Lucie virginis ubicumque tunc et cetera, precise
et peremptorie proposituri et quatenus jus patitur ostensuri causam
racionabilem, si quam habeant, quare sic excommunicati denunciari
non debeant nominatim, penamque pro demeritis recipere et ulterius
contra eos juxta canonicas sancciones et juris equitatem procedi. De
die vero recepcionis presencium et quid feceris in premissis, ac eciam
de nominibus citatorum hujusmodi, nos dictis die et loco distincte per
omnia certifices per tuas patentes litteras harum seriem continentes.
Ad quos diem et locum inquisicionem predictam nobis sub sigillo
tuo transmittas inclusam. Datum apud Lyminge id. Novembris
anno domini M°. ccc^{mo}. consecracionis nostre septimo.

[*November 22, 1300. Collation by the Archbishop of James de Bourum to the office of steward of the hall in the priory of Canterbury.*]

HIC CONFERT JACOBO DE BOURUM SENESCALLIAM AULE
PRIORATUS CANT'.—Robertus dilecto filio Jacobo de Bourum
familiari nostro salutem graciam et benediccionem. Tuum servicium
nobis fideliter jam dudum impensum tuamque diligenciam et circum-
spectam industriam plenius advertentes senescalliam aule prioratus [1]
ecclesie nostre Cantuariensis, cujus collacio ad nos spectare denosci-
tur, una cum toto feudo jure libertate et proventibus ad dictam
senescalliam spectantibus ad vitam tuam integre habendam et
possidendam, tibi conferimus et committimus per presentes. In
cujus rei testimonium sigillum nostrum presentibus est appensum.
Datum apud Lyminge x° kal. Decembris anno domini M°. ccc^{mo}.
consecracionis nostre septimo.

---

[1] Cf. MS. Cotton Galba E. iv (Brit. Mus.), f. 26ᵛ, ' Officium senescall' aule
hospitum ', ' Feoda ejusdem pro hujusmodi officio faciendo '.

[*November 22nd, 1300. Mandate to the prior and chapter of Canterbury to admit James de Bourum to the office of steward of the hall in their priory.*]

PRIORI ET CAPITULO SUPER LIBERACIONE EJUSDEM.—Robertus dilectis filiis . . priori et capitulo ecclesie nostre Cantuariensis salutem et cetera. Quia senescalliam aule prioratus nostri supradicti fideli nostro Jacobo de Bourum pleno jure contulimus, vobis committimus et mandamus quatinus eidem Jacobo dictam senescalliam cum toto feudo jure et proventibus ad ipsam senescalliam a tempore vacacionis ultime spectantibus nomine nostro plene et integre liberari faciatis. Valete. Datum apud Lyminge x° kal. Decembris anno domini et cetera consecracionis nostre septimo.

[*November 22nd, 1300. Mandate to the rural dean of Ospringe to publish in the parish church of Faversham, which has been desecrated by bloodshed, that no services and burials may take place in the church or cemetery until there has been a formal service of reconciliation.*]

PUBLICACIO SUSPENSIONIS ECCLESIE DE FAVERSHAM.— Robertus dilecto filio . . decano de Osprenge salutem. Quia ecclesiam parochialem de Faveresham nostre diocesis sanguinis effusione violenta enormiter nobis constat fuisse et esse maculatam seu pollutam, tibi committimus et mandamus quatinus ad dictam ecclesiam personaliter accedens omnibus ibidem existentibus ex parte nostra facias puplice nunciari dictam ecclesiam una cum cimiterio per hujusmodi violenciam ibidem perpetratam fuisse et esse viliter exsecratam, inhibens insuper ne qui in dicta ecclesia aut cimiterio officia divina vel sepulturas ecclesiasticas, donec in forma juris reconciliari meruerit, presumant aliqualiter celebrare vel eciam excercere. Et si qui sunt qui hujusmodi temeritati se nullatenus immiscere formidant, in notam irregularitatis eosdem solempniter nuncies seu denunciari facias dampnabiliter incidisse. Datum apud Lyminge ut supra proximo.

[*January 1st, 1301. Commission to the rector of Maidstone, the warden of the hospital at Maidstone, and the rural dean of Shoreham, to hear the final accounts rendered by the executors of the late William de Valence, Earl of Pembroke.*]

COMMISSIO DE COMPOTO RECIPIENDO AB EXECUTORIBUS DOMINI WILLELMI DE VALENCIA.[1]—Robertus et cetera dilectis filiis Nicholao de Cnoville rectori ecclesie de Maydestan, Roberto de Kemesinge custodi hospitalis nostri de Maydestan et . . decano de Schorham salutem graciam et benediccionem. Ad audiendum

---

[1] In a later hand in the margin : Testamentum Comitis Pembroch'.

examinandum et finaliter terminandum compotum administracionis executorum testamenti domini Willelmi de Valencia comitis Pembroch' dudum defuncti reservata nobis finali absolucione eorundem executorum ab onere administrationis predicte, vobis cum cohercionis canonice potestate committimus vices nostras. Datum apud Croydon' kal. Januarii anno domini M°. ccc^{mo} consecracionis nostre septimo.

[*February 9th, 1301. The Archbishop has been informed that Sir Richard de Scholand has died under sentence of excommunication for detaining the offerings of the chapel of Ceriton in the parish of Farningham, which church is appropriated to the prior and chapter of Canterbury, and his body is therefore unburied. Mandate to the dean of Shoreham and the rector of Meopham to inquire if he was penitent on his deathbed, and formally to absolve him and give permission for the body to be buried, provided that the executors pay the arrears and expenses incurred by the prior and chapter of Canterbury.*]

DE CORPORE DOMINI RICARDI SCOLAND MILITIS DEFUNCTI EXCOMMUNICATI SEPELIENDO PER CAUCIONEM PRIUS ADMISSAM.— Robertus et cetera dilectis filiis . . decano de Schorham et rectori ecclesie de Mepeham salutem et cetera.   Suggestum est nobis quod corpus domini Ricardi de Scholond militis jam defuncti, qui dum vixerat racione sacrilegii commissi in occupacione detencione et consumpcione oblacionum et obvencionum ad capellam de Ceriton' infra parochiam ecclesie parochialis de Fremingham dilectis filiis . . priori et capitulo ecclesie nostre Cantuariensis appropriate proveniencium majoris excommunicacionis sentenciam incurrit, et sic excommunicatus auctoritate magistri Martini rectoris ecclesie de Icham specialis commissarii officialis curie nostre Cantuariensis in ea parte ad instanciam dictorum religiosorum fuerat publice nunciatus, racione ipsius sentencie ad huc nondum est traditum ecclesiastice sepulture, super quo a nobis petitur salubre remedium adhiberi. Volentes igitur ipsius defuncti et amicorum suorum opprobrium auferre, quod per retardacionem humacionis ipsius cadaveris paciuntur, vobis committimus et mandamus quatinus de indiciis penitencie dicti domini Ricardi ante mortem suam diligenter inquirentes, si de ipsius viventis penitencia per evidencia signa vobis constiterit, et morte preventum ab aliquo presbitero potestatem clavium optinente a dicta sentencia absolutum non fuisse inveneritis, eidem defuncto auctoritate nostra secundum juris formam absolucionis beneficium impendatis.   Proviso quod corpus dicti defuncti non tradatur ecclesiastice sepulture antequam heredes ipsius, si quos reliquit, aut executores qui administracionem testamenti ejusdem susceperunt,

seu alii amici dicti defuncti ipsius nomine de decem septem libris
et decem solidis, in quibus idem dominus Ricardus dum viveret pro
occupacione dictarum oblacionum auctoritate officialis nostri predicti fuerat condempnatus, ac eciam de medietate omnium oblacionum et obvencionum predictarum ad dictam capellam proveniencium a die late sentencie supradicte usque ad diem obitus dicti
defuncti, una cum dampnis et expensis que et quas
[Fo. 280ᵛ.] | iidem religiosi occasione predicta fecerint vel incurrerint
competenter satisfecerint, vel de satisfaciendo idoneam
prestiterint caucionem quam dicti . . prior et capitulum duxerint
approbandam. Et quid feceritis in premissis nos citra dominicam
qua cantatur Misericordia domini certificare curetis per vestras
patentes litteras et cetera. Datum apud Burton' juxta Lincoln' vᵒ id.
Februarii.

[*February 17th, 1301. Commission to the rector of St. Peter's, Canterbury, to
hear confessions in the city and diocese, particularly in cases reserved to the
Archbishop.*]

DE PENITENCIARIA GERENDA IN CIVITATE ET DIOCESI CAN-
TUAR'.—Robertus dilecto filio Stephano rectori ecclesie sancti
Petri Cantuar' salutem et cetera. Ad audiendum confessiones subditorum nostre Cantuariensis civitatis et dyocesis de eorum excessibus et peccatis et absolvendum eos, prout ad formam penitencialem
pertinet ab eisdem, et precipue in casibus a jure nobis reservatis, ac
eciam injungendo eis penitencias pro ipsis excessibus salutares
quatenus premissa ad nos pertinent, tibi committimus vices nostras.
In cujus rei testimonium sigillum nostrum presentibus est appensum. Datum apud Welebourn' xiijᵐᵒ kal. Marcii anno domini
Mᵒ. cccᵐᵒ. consecracionis nostre septimo.

[*February 28th, 1301. Letter to the Archbishop's commissary offering to appoint
him to the deanery of South Malling, unless he prefers to remain rector of
Ickham.*]

MAGISTRO MARTINO RECTORI DE ICHAM SUPER ADMISSIONE
DECANATUS SUBMALLYNG '.—Robertus dilecto filio magistro Martino
rectori ecclesie de Icham et generali commissario nostro Cantuariensi salutem et cetera. Grata tue devocionis obsequia, que nobis
laboriose ac sedulo exhibuisti, nos admonent ut personam tuam
condignis honoribus quantum possumus attollamus. Cum igitur de
decanatu Submallyng', vacante per resignacionem Johannis de
Berewyk' ultimi decani ejusdem, et ad nostram collacionem spectante

jure nostro possimus sicut ad nos pertinet ordinare, personamque tuam tanto utilius ac pro salute animarum salubrius promovere ad ipsum beneficium decreverimus, quanto patrie tue viciniorem coram te facilius posse gerere et diligencius excercere incumbentem speramus, tue opcioni relinquimus an predictum decanatum vel beneficium de Icham quod habes malueris optinere. Ut diliberacione tua super hoc habita pleniori nobis quamcicius poteris significes tuam super hiis plenius voluntatem. Quod si decanatum volueris acceptare ad nos personaliter non tardes accedere sine mora. Si vero statum priorem preelegeris retinere, quod nos nequaquam molestum erit, nobis infra quindecim dies a tempore recepcionis presencium per aliquem intervenientem rescribere non omittas, quia opcionem et deliberacionem super hoc tibi oblatam ante ordinacionem ejusdem beneficii, cujus tamen periculosa et tediosa est vacacio, intendimus expectare. In hiis enim sicut novit deus pro tuo zelamus commodo et honore. Valete. Datum apud Ofcherch' juxta Warewyk' ij kal. Marcii anno domini M°. ccc^{mo}.

[*March 24th, 1301. Mandate to the Archbishop's commissary and John of Lewes, prebendary of Wingham, to visit the dean and chapter of the collegiate church in the castle of Hastings.*]

COMMISSIO PRO VISITACIONE FACIENDA IN ECCLESIA CASTRI HASTYNG'.—Robertus et cetera dilectis filiis magistro Martino commissario nostro Cantuariensi et domino Johanni de Lewes canonico ecclesie prebendalis de Wengham salutem graciam et benediccionem. Nuper visitacionis officium in ecclesia castri Hastyng' collegiata juxta temporis congruenciam pro modulo facultatis nostre cupientes ut convenit excercere, cum ob id ibidem personaliter venissemus quibusdam perversitatis filiis nobis tunc temporis maliciose resistentibus impediti, propositum nostrum de visitacione predicta adimplere nequivimus illa vice. Sane causam impedimenti prescripti pro magna parte fuisse et esse intelligimus in presenti verisimiliter annullatam. Icirco vobis committimus et mandamus quatinus premunicione legittima decano et capitulo ecclesie de Hasting' sepedicte premissa citra dominicam qua cantatur Jubilate ad prefatam ecclesiam personaliter accedentes debite visitacionis in capite quam in membris excercicium omnibus ipsam contingentibus vice nostra complere, necnon visitacione hujusmodi adimpleta quoscunque excommunicatos per nos occasione impedimenti nostri memorati ad vos humiliter confluentes in forma juris absolvere ac penitenciam juxta qualitatem delicte studeatis injungere salutarem. In quibus omnibus et singulis eave vel ipsorum quodlibet

contingentibus vobis cum canonice cohercionis potestate committimus vices nostras. In cujus rei testimonium sigillum nostrum
presentibus duximus apponendum. Datum apud Brudon' ix kal.
Aprilis anno domini M⁰. ccc ᵐᵒ. consecracionis nostre septimo.

Anno domini millesimo trecentesimo primo consecracionis domini
R. archiepiscopi septimo.

―――――

[*Undated. Notification that the rector of Bale has been absolved from the
sentence of excommunication for infringing the bull* Clericis laicos.]

LITTERA TESTIMONIALIS DE ABSOLUCIONE PRO REGIA PROTEC-
CIONE.—Noverint universi quod nos Robertus et cetera auctoritate
nobis specialiter commissa per venerabilem patrem fratrem Gentilem
dei gracia tituli sancti Martini in Montibus sacrosancte Romane
ecclesie presbiterum cardinalem absolvimus in forma juris magistrum
Henricum de Bradenham rectorem ecclesie de Bathele Norwycensis
diocesis in personam magistri Ricardi de Oteryngham rectoris
ecclesie de Schelford Elyensis diocesis ab excommunicacionis
sentencia, quam incurrit pro eo quod dudum contra tenorem nove
constitucionis sanctissimi patris nostri domini Bonifacii divina
providencia pape octavi per vim et metum, qui cadere poterat in
constantem, ministris nunciis seu collectoribus illustris regis Anglie
tallias seu collectas de bonis suis ecclesiasticis persolvit; imposita ei
super hoc penitencia salutari prestito juramento prius ab eodem
procuratore nomine domini sui in forma ecclesie de parendo
mandatis domini pape et de faciendo illam penitenciam quam
sedes apostolica ei duxerit injungendam, ipsoque ad tempus quod sibi
moderati sumus a suorum ordinum execucione suspenso super
irregularitate quam sic ligatus in suis ordinibus ministrans incurrit,
cum eodem in persona ejusdem sui procuratoris auctoritate predicta
misericorditer dispensantes. In testimonium.

―――――

[*April 5th, 1301. Citation to the archdeacon of Llandaff and the other executors
of the will of Gilbert de Clare to render their accounts to the Archbishop.*]

[Fo. 281.]

CITACIO EXECUTORIS DOMINI G. DE CLARE QUONDAM COMITIS
GLOUC' AD REDDENDUM COMPOTUM.—Robertus et cetera dilecto
filio magistro Henrico Wager archidiacono Landavensi executori
testamenti nobilis viri domini Gilberti de Clare quondam comitis
Glovernie defuncti salutem et cetera. Cum nostris incumbat
humeris solicite providere ut ultime voluntates defunctorum secundum pia eorum desideria impleantur, et ob id vobis nuper in

presencia nostra constitutis assignaverimus tercium diem juridicum
post festum Ascensionis domini, ubicumque tunc et cetera fuerimus,
ad exhibendum una cum coexecutoribus vestris, quos ad eosdem
diem et locum decrevimus evocari, testamentum et inventarium
bonorum ejusdem defuncti et omnia alia instrumenta administracionem eorundem bonorum contingencia exhibendum ac raciocinium
administracionis vestre in ea parte plene reddendum personaliter-
que jurandum, necnon et quibusdam interrogatoriis vobis ex officio
faciendis respondendum, faciendumque ulterius et recipiendum in
ipso negocio usque ad ejus finalem expedicionem et juxta ipsius
qualitatem et naturam cum continuacione et prorogacione dierum
quod justicia suaderet; considerantes premissa coexecutoribus
vestris posse per vos facilius et celerius nunciari, vobis committimus
et mandamus sub pena canonice districcionis firmiter injungentes
quatinus omnes et singulos coexecutores vestros in hac parte
auctoritate nostra peremptorie citetis quod eisdem die et loco coram
nobis compareant, facturi una vobiscum omnia et singula prenotata
in forma premissa et ulterius quod ipsius rei congrua expedicio
exigit seu requirit.   Et vos nichilominus ex habundanti tenore presencium citamus peremptorie quod eisdem die et loco ad hec omnia
et singula compareatis personaliter coram nobis.   De die vero
recepcionis presencium et quid et cetera.   Datum apud Presteber'
non. Aprilis.

[*April 6th, 1301.   Commission to the prior of Wormesley to hear the cause be-*
tween the rector of Byford and Gunter de Naves,[1] *delegated to the Archbishop*
by the Pope.]

COMMISSIO SUPER ECCLESIA DE BYFORD HEREFORD' DIOCESIS
AUCTORITATE APOSTOLICA.—Robertus permissione et cetera judex
unicus in hac parte a sede apostolica delegatus religioso viro . .
priori ecclesie conventualis de Wormeleye Herefordensis diocesis
salutem in omnium salvatore. Quia variis ecclesie nostre negociis
prepediti examinacioni cause appellacionis, que occasione ecclesie
de Byford Herefordensis diocesis vertitur seu verti speratur auctoritate apostolica inter Nicholaum de Reygate rectorem ecclesie de
Byford partem appellantem ex parte una et Gunterum de Naves
clericum Byturicensis diocesis partem appellatam ex altera, vacare
non possumus, vobis in eadem cum canonice cohercionis potestate
committimus vices nostras donec eas duxerimus revocandas. In
cujus rei testimonium sigillum nostrum presentibus est appensum.

---

[1] Cf. *Hereford Registers, Cantilupe,* pp. 45, 136 ; *Swinfield,* pp. 90, 530.

Datum apud Presteber' viij° id. Aprilis anno domini M°. ccc^{mo}. primo consecracionis nostre septimo.

[*April 12th, 1301. Commission to William de Sardinia, Robert de Ros, and the archdeacon of London, or any two of them, to hear the cause between Sir John de Ferrars and Thomas Earl of Leicester, delegated to the Archbishop by the Pope.*]

COMMISSIO IN CAUSA DOMINI J. DE FERARIIS CONTRA DOMINUM THOMAM COMITEM LEYC'.—Robertus et cetera judex unicus in hac parte a sede apostolica delegatus discretis viris magistris Willelmo de Sardinia Roberto de Ros canonicis ecclesie sancti Pauli London' et Johanni de Bedeford' archidiacono London' in eadem ecclesia sancti Pauli salutem in omnium salvatore. Quia visitacionis nostre officio, quod in diocesi Wygorniensi auctoritate metropolitica jam actualiter excercemus, aliisque juris nostri et ecclesie nostre variis prepediti negociis, examinacioni cause nobis a sede apostolica commisse, que auctoritate ejusdem sedis vertitur seu verti speratur inter nobiles viros dominos Johannem de Ferrariis ex parte una et Thomam comitem Leycestrie ex altera, nequimus commode interesse, de vestre circumspeccionis industria plenius confidentes vobis in eadem cum canonice cohercionis potestate committimus vices nostras, donec eas duxerimus revocandas. Quod si non omnes interesse poteritis, uel nolueritis, duo vestrum tercii non expectata presencia uel absencia excusata, ea nichilominus exequantur. In testimonium vero premissorum sigillum nostrum presentibus est appensum. Datum apud Gloucestriam ij id. Aprilis anno domini M°. ccc^{mo}. primo consecracionis nostre septimo.

[*April 17, 1301. Commission to Nicholas de Knoville to hear the cause between John of Lewes, executor of the will of John de Dene, and the abbot of Langdon, the prior of Tonbridge, and others, delegated to the Archbishop by the Pope.*]

COMMISSIO AUCTORITATE APOSTOLICA INTER DOMINUM J. DE LEWES ET ABBATEM DE LANGEDON' ET CETERA.—Robertus et cetera judex in hac parte a sede apostolica delegatus discreto viro domino Nicholao de Knoville canonico Herefordensi et rectori ecclesie de Maydestan salutem in omnium salvatore. Quia variis ecclesie nostre negociis prepediti examinacione cause, que super pecuniarum summis et rebus aliis vertitur seu verti speratur inter dominum Johannem de Lewes clericum Cycestrensis diocesis executorem testamenti Johannis de Dene laici defuncti actorem ex parte una et . . abbatem de Langedone et priorem de Thonebregge, necnon dominum Ricardum de Rokeslee militem, Philippum de Inteberghe et Johanne de Lyndestede laicos Cantuariensis diocesis reos ex altera, vacare non possumus, vobis cum canonice cohercionis potestate committimus vices nostras donec eas duxerimus revocandas. In testimonium vero premissorum sigillum nostrum et cetera. Datum apud Lanthony juxta Gloucestriam xv kal. Maii.

[April 19th, 1301. Letter to the prior and brethren of St. Bartholomew's Hospital, Gloucester, reminding them that at his recent visitation the Archbishop removed the prior from office for his notorious misdeeds, and appointed John Noke as prior.]

TESTIMONIAL' DE AMOCIONE PRIORIS HOSPITALIS SANCTI BARTHOLOMEI GLOUC' ET DE CREACIONE FRATRIS J. ATTE NOKE IN PRIOREM [1].—Robertus et cetera dilectis filiis . . priori et fratribus hospitalis sancti Bartholomei Gloucestrie salutem et cetera. Nuper ad hospitale vestrum supradictum visitacionis causa ibidem faciende auctoritate metropolitica tam in personis quam rebus ejusdem loci personaliter accedentes, invenimus fratrem Willelmum tunc priorem ejusdem loci super dilapidacione proprietate incestu adulterio et multimoda corporis dissolucione gravi negligencia et aliis diversis criminibus vehementissime diffamatum, de quibus omnibus tum per facti notorietatem tum per confessionem suam coram nobis factam extitit manifeste convictus in visitacione predicta, propter que eundem fratrem Willelmum ab officio prioratus et a regimine dicti hospitalis et administracione omnium bonorum ejusdem non immerito duximus amovendum, imponentes eidem pro tante temeritatis excessibus penitenciam salutarem. Et ne ipsum hospitale in suis facultatibus ad sustentacionem pauperum et infirmorum ad illud confluencium pia devocione fidelium deputatis collapsum propter ejus diutinam vacacionem majorem, et forsan inreparabilem, in spiritualibus vel temporalibus, quam tunc temporis evidenter perpendimus imminere, pateretur aliqualiter lesionem, de eorum consensu unanimiter conferencium nobis potestatem providendi sibi alium priorem, cum tamen evidens ipsius loci necessitas pariter et utilitas, aliorumque ordinariorum inferiorum negligencia, sine dictorum fratrum consensu illud a nobis fieri ex officii debito postulasset, fratrem Johannem ate Noke dicto amoto racione connexitatis negocii subrogantes in ejusdem loci priorem vobis canonice duximus preferendum, administracionem bonorum ejusdem hospitalis committentes eidem. Cui fratri Johanni sic subrogato singuli

---

[1] Hand in margin.

fratres dicti hospitalis tanquam priori suo juramento prestito in nostra presencia, obedienciam canonicam prestiterunt.   In cujus rei testimonium has litteras nostras patentes vobis ad futurorum cautelam concedimus sigilli nostri munimine roboratas.   Datum apud Standisch xiij° kal. Maii anno domini M°. ccc°. primo consecracionis nostre septimo.

[*May 15th, 1301.   Mandate to the Archbishop's commissary to publish in every church of the diocese that persons who infringe the liberties of the Church, which are protected by Magna Carta and its confirmations, incur sentence of excommunication.*]

[Fo. 281ᵛ.]

DENUNCIACIO CONTRA VIOLATORES ET PERTURBATORES LIBERTATUM ECCLESIE CANT' ET MAGNE CARTE.—Robertus et cetera magistro Martino commissario nostro Cantuariensi salutem. Ad defensionem ecclesiastice libertatis et eorum observacionem quem pro communi remedio provide sunt statuta, expedit quorundam secularis officii potestate nequiter abutencium ausus et conamina tanto diligencius reprimere quanto magis absentibus defensoribus ipsorum et ecclesie libertates et jura ledere ac minuere tanquam honoris ipsorum invidi temeritate nepharia moliuntur.   Intelleximus siquidem quod nonnulli filii degeneres nostre diocesis, et jurisdiccionem excercentes maxime secularem in plerisque locis, dum extra diocesim nostram per provinciam alibi causa visitacionis transimus, nobis et nostris ministris contra jura et libertates ecclesie nostre, necnon et contra magnam cartam libertatum innovatam jam et sepius confirmatam, molesti sunt nimium super pluribus et infesti, et hujusmodi libertates ac jura que hactenus multipliciter violarunt minuerunt et enormiter perturbarunt, conantur machinacionibus malignis subvertere totaliter et auferre, majoris excommunicacionis sentencias contra tales presumptores multipliciter a canone sanctis patribus et a nobis nostrisque suffraganeis prolatas dampnabiliter incurrendo.   Volentes igitur super hiis solicite providere et quantum possumus perversorum maliciis congruis presidiis obviare, tibi mandamus quatinus omnes perturbatores et violatores hujusmodi libertatum jurium nostrorum et ecclesie nostre ac magne carte libertatum predicte in singulis ecclesiis nostre diocesis, pulsatis campanis candelis accensis, tam diu in genere denuncies et denunciari facies publice et solempniter hujusmodi majoris excommunicacionis sentenciis involutos, donec ad se reversi congrue resipuerint et deo ac ecclesie super tantis offensis satisfecerint competenter.   Et quid feceris in premissis nos citra festum sancti Barnabe apostoli certifices per tuas

patentes litteras et cetera. Datum apud Horton' id. Maii anno
domini M⁰. ccc^{mo}. primo consecracionis nostre septimo.

[*May 15, 1301. Admonition to the Earl and Countess of Gloucester to permit
the executors of Gilbert de Clare, Earl of Gloucester, to make an inventory
of some of his effects in their hands.*]

COMITI ET COMITISSE GLOUC' SUPER RESTITUCIONE BONORUM
COMITIS GLOUC' DEFUNCTI EXECUTORIBUS EJUSDEM.—Robertus
dilecto filio et nobili viro domino Radulpho comiti Gloucestrie et
domine comitisse uxori sue salutem. Vocatis coram nobis magistro
Henrico archidiacono Landavensi, domino abbate Teukesbir', dominis Simone de Heigham et Willelmo de Hamelton', executoribus
testamenti inclite memorie domini Gilberti de Clare dudum comitis
Gloucestrie, ad reddendum raciocinia sue administracionis dictum
testamentum contingentis, iidem executores testamentum dicti defuncti et inventarium partis bonorum ejusdem judicialiter exhibentes
allegarunt, quod nonnulla bona dicti defuncti in manibus vestris
resident ex quibus inventarium facere et de eis administrare hactenus non valebant, propter quod se ad reddicionem compoti administracionis predicte, quam facere non poterunt, compelli non
posse dicebant. Quia igitur ex injuncto nobis officio nostris humeris
incumbit studio vigilanti curare ut bona defunctorum in nostra
provincia Cantuariensi juxta ipsorum ultimas voluntates dis-
ponantur, et quod impediencium clam vel palam voluntates hujusmodi favorabiles ausus et periculose presumpciones reprimantur,
ne subsidium quod ex disposicione dictorum bonorum animabus
defunctorum speratur afferri ob pastoris negligenciam indebite sub-
trahatur, vos comitem et comitissam primo secundo et tercio monemus requirimus et hortamur in domino Ihesu Christo quatinus
bona dicti defuncti in manibus vestris residencia, vel sub districtu
et potencia vestra, in nostra provincia ubilibet existencia prefatis
executoribus citra festum apostolorum Petri et Pauli liberari plenarie
faciatis, et eosdem executores de bonis predictis plenum inventarium
facere libere permittatis; alioquin vos dominum comitem et comitissam tenore presencium citamus peremptorie quod proximo die
juridico post festum sancte Margarete ubicumque tunc et cetera
coram nobis sufficienter compareatis nobis ex officio et prefatis
executoribus super dictis bonis in forma juris responsuri et juri in
omnibus parituri. Et quid feceritis in premissis nos dictis die et
loco curetis reddere certiores. Datum apud Horton' id. Maii anno
domini M⁰. ccc^{mo}. primo consecracionis nostre septimo.

[*May 15th, 1301. Mandate to the official of the bishop of Llandaff to cite Robert of St. Fagan, treasurer of Llandaff cathedral church, to render an account of certain effects of Gilbert de Clare, Earl of Gloucester, to his executors.*]

CITACIO ROBERTI DE SANCTO FAGANO AD RESPONDENDUM EXECUTORIBUS TESTAMENTI DOMINI G. DE CLARE SUPER OCCUPACIONE BONORUM DICTI DEFUNCTI.—Robertus . . officiali Landavensi salutem.   Quia periculosa est detencio bonorum defunctorum quominus ultime voluntates eorundem per suos executores et eorum administracionem legittimam valeant adimpleri, ac Robertus de sancto Fagano thesaurarius ecclesie Landavensis de quibusdam bonis quondam nobilis viri domini Gilberti de Clare comitis Glovernie defuncti, que ad manus suas pervenisse dicuntur, executoribus bonorum et testamenti ejusdem defuncti hactenus non responderit ut debebat, vobis mandamus firmiter injungendo quatinus dictum Robertum moneas et efficaciter inducas, et si necesse fuerit auctoritate nostra districte compellas, quod compareat coram executoribus predictis die et loco sibi per eosdem assignandis de bonis dicti defuncti que ad manus suas pervenerunt, ipsis sicut justum fuerit raciocinia redditurus, ut dicti executores eo plenius et certius administracionis sue officium valeant excercere. [Fo. 282.] Et quid feceritis in premissis | nos cum per partem dictorum executorum vel alicujus eorundem fueritis congrue requisiti, certificare curetis per vestras patentes.   Datum apud Horton' id. Maii anno domini.

[*May 21st, 1301. Letter to the dean and chapter of Lincoln requesting them to refrain from penalizing John Maunsel, canon of Lincoln, for non-residence while he is in the service of the Archbishop.*]

DECANO ET CAPITULO LINC' DEPRECATORIA PRO DOMINO J. MAUNSEL SUPER NON RESIDENCIA PRO TEMPORE QUO INSTETERIT OBSEQUIIS DOMINI [1].—Robertus . . decano et capitulo ecclesie Lincolniensi salutem.   Cum non solum de nostra Cantuariensi diocesi verum eciam de singulis diocesibus nostre provincie liceat nobis unum vel duos clericos subditos suffraganeorum nostrorum beneficiatos ob utilitatem nostram et ecclesie nostre ad nostrum obsequium assumere de consuetudine hactenus approbata, per quos nonnunquam singulorum suffraganeorum nostrorum et subditorum suorum negocia non tam utiliter quam necessario sepius procurantur, ac dilectus nobis in Christo et familiaris clericus noster dominus Johannes Maunsel concanonicus vester dudum in partem nostre

---

[1] In margin : Nota.

solicitudinis assumptus nostris et ecclesie nostre obsequiis jugiter sit intentus,[1] affectuose vos rogamus quatinus ejusdem clerici nostri et canonici vestri absenciam pro tempore quo noster fuit et erit obsequialis favorabiliter excusatam habentes, penas vel mulctas, si que auctoritate vestra ea occasione sibi fuerint irrogate, faciatis nostri contemplacione penitus relaxari, et a futuris turbacionibus gravaminibus et inquietacionibus eodem pretextu eundem imposterum similiter defendatis, ut ad honores et commoda vestra nos ex hoc senciatis ex merito prompciores. Datum apud Wythyndone xij° kal. Junii anno domini M°. ccc^mo. primo consecracionis nostre septimo.

[*June 15th, 1301.   Letter to the archdeacon of Richmond with reference to the papal mandate about the church of Pagham.*]

ARCHIDIACONO RYCHEMUND' RESPONSALES SUPER ECCLESIA DE PAGEHAM.—Robertus permissione et cetera discreto viro domino . . archidiacono Richemund' salutem et sincere caritatis augmentum. Super hiis que ex intima affeccione de ecclesia de Pageham nobis consulendo et premuniendo benigne scripsistis, gratiarum vobis referimus acciones. Parati mandata apostolica que nobis in hac parte deferentur cum omni reverencia exaudire, et eisdem humiliter prout tenemur in omnibus obedire, et quantum in nobis est de vestro et aliorum amicorum consilio ad bonam pacem super dicta ecclesia cum adversariis pervenire, sed magister Radulphus de Malling' rector in eadem ecclesia dudum institutus tempore recepcionis litterarum vestrarum presens non fuit, post cujus reditum ipsum curabimus quantum possumus provocare. Valete semper in Christo. Datum apud Claverdon' xvij° kal. Julii consecracionis nostre anno septimo.

[*May 18th.   Commission to William de Sardinia, Robert de Ros, and the archdeacon of London, or any one of them, to hear the cause between Sir John de Ferrars and Thomas, Earl of Leicester.*]

COMMISSIO AUCTORITATE MANDATI APOSTOLICI INTER DOMINUM J. DE FERAR' ET TH. COMITEM LEYCESTR'.[2]—Robertus et cetera judex unicus in hac parte a sede apostolica delegatus discretis viris magistris Willelmo de Sardinia Roberto de Ros canonicis ecclesie sancti Pauli London' et Johanni de Bedeford' archidiacono London' in eadem ecclesia sancti Pauli salutem in omnium salvatore. Quia visitacionis nostre officio quod in dyocesi Wygorniensi auctori-

---

[1] In margin : Nota quod famulus domini in consultacionem acc[eptus].
[2] Cf. *ante*, p. 407.

tate metropolitica jam actualiter excercemus, aliisque juris nostri et
ecclesie nostre variis prepediti negociis examinacioni cause nobis a
sede apostolica commisse, que auctoritate ejusdem sedis vertitur seu
verti speratur inter nobiles viros dominos Johannem de Ferrariis ex
parte una et Thomam comitem Leycestr' ex altera, nequimus commode interesse, de vestre circumspeccionis industria plenius con-
fidentes, vobis in eadem cum canonice cohercionis potestate in
solidum committimus vices nostras, quamcumque potestatem vobis
seu quibuscumque aliis per nos in eadem causa prius factam tenore
presencium revocantes.   Quod si non omnes interesse poteritis vel
nolueritis, unus vestrorum, aliorum non expectata presencia vel
absencia excusata, ea nichilominus exequatur.   In testimonium
vero premissorum sigillum nostrum presentibus est appensum.
Datum apud Cyrecestr' xv° kal. Junii anno domini et cetera consecracionis et cetera.

————

[*July 2nd, 1301.   Letter to the prior and chapter of Canterbury forbidding the
prior or other officials to give permission to the monks to go on pilgrimages.
The Archbishop has heard that some of the monks have been to the shrine of
St. Edmund Rich at Pontigny and the shrine of St. Thomas de Cantilupe
at Hereford.*]

PRIORI ET CAPITULO CANT' SUPER DEVAGACIONE MONACHORUM
CANTUAR'.—Robertus et cetera priori et capitulo ecclesie nostre
Cantuariensi salutem.   Regularium devocionem solebant nimirum
per distraccionem animi seculares impediri discursus, quam claustralis
residencia captivatis voluptatibus sub disciplina congrua excitat et
adauget.   Sane frequens relacio fidedignorum nos cogit quamplurimum admirari quod plerique vestrum, licet apud vos magis
quam alibi habunde ut ex divino munere corpora beatorum,[1] sub
peregrinacionis velamine devocionem confingentes ex votis suis,
quibus non astringuntur quando sine superioris licencia emittuntur,
sanctorum Edmundi Richi et Thome Herefordensis[2] ac aliorum
limina petunt, et abjecta monachali modestia se temptacionum periculis exponent, sicque devagantes per mundum indevocionem
amplexantur, scandala suscitantur, et se aliosque ipsorum exemplo
pernicioso minus habiles reddunt ad regularis observanciam discipline.   Volentes igitur tam pestifero morbo ut vagandi materiam
et majoris mali occasionem tollamus remedium salubre prout pos-

———

[1] For a list of the relics in 1315 cf. *Inventories of Christ Church, Canterbury*,
ed. J. Wickham Legg and W. H. St. John Hope, pp. 79–94.
[2] *Charters and Records of Hereford Cathedral*, ed. W. W. Capes, pp. xxii,
153, 190–5 ; *Hereford Registers, Swinfield*, pp. i, ii, 230, 297 ; *Orleton*, pp. xviii,
139, 142 ; *Salisbury Registers, S. de Gandavo*, i, pp. 247–52.

sumus adhibere, tales et consimiles discursus imposterum vobis interdicimus per presentes; inhibentes vobis priori predicto et ceteris ordinis custodibus in virtute obediencie et sub pena districcionis canonice ne cuiquam peregrinacionis causa exeunti licenciam concedatis, donec super hoc vobiscum tractatum habuerimus pleniorem; scituri quod venientes contra hanc inhibicionem penis condignis tanquam inobedientes et rebelles intendimus castigare. Valete semper in Christo. Datum apud Alvecherche vj^{to} non. julii anno domini M°. ccc^{mo}. primo consecracionis nostre septimo.

[*July 11th, 1301. Mandate to the two stewards of the liberties of the archbishopric to act jointly as steward of the manors while Sir William Trussel is in the service of Edward, Prince of Wales.*]

[Fo. 282^v.]

DE OFFICIO SENESCALLIE TERRARUM ARCHIEPISCOPATUS CANT' GERENDO AD TEMPUS.—Robertus et cetera dilectis filiis Thome de Chartham et Edmundo de Passele senescallis libertatum nostrarum salutem et cetera. Quia dominus Willelmus Trussel senescallus terrarum nostrarum justiciarius Cestr' in obsequio nobilis adolescentis Edwardi nati domini Edwardi dei gracia illustris regis Anglie jam effectus officio suo vacare non poterit ut vellemus, vobis mandamus quatinus de terris maneriis et possessionibus nostris interim loco suo disponentes ea, que ad hujusmodi officium senescallie pertinere noscuntur, conjunctim et divisim excercere conemini in sua absencia diligenter, donec ad partes Kancie venerimus et de hiis duxerimus aliter ordinandum. Datum apud Wyk' juxta Wygorniam v° id. Julii anno domini M°. ccc^{mo}. primo consecracionis nostre octavo.

[*Undated. Mandate to the official of the Bishop of Rochester to cite the rector of Eynsford to appear before the Archbishop. In accordance with a mandate from the Archbishop to Robert de Ros and the dean of the Arches, or one of them, to hear the cause between the rector of Stone and the rector of Eynsford, it was heard before the dean of the Arches, and subsequently the rector of Stone appealed to the Archbishop.*]

OFFICIALI ROFFENSI PRO GALFRIDO RECTORE ECCLESIE DE STON' ROFFENSIS DIOCESIS CONTRA MAGISTRUM W. DE KILKENNY SUPER SUBTRACTIONE SEPULTURE, CITACIO CORAM CERTIS COMMISSARIIS DOMINI.—Robertus et cetera dilecto filio .. officiali venerabilis fratris nostri domini .. dei gracia Roffensis episcopi salutem et cetera. Sua nobis procurator Galfridi rectoris ecclesie de Stone Roffensis diocesis peticione monstravit quod, cum magister Willelmus de Kilkenny rector ecclesie de Eynesford prefatum rectorem ecclesie de Stone super subtractione seu spoliacione sepulture quorundam

decedencium in dicta parochia de Stone coram magistris Roberto
de Ros canonico sancti Pauli London' cancellario nostro, et Henrico
de Nassington' tunc decano ecclesie beate Marie de Arcubus
London' quibus conjunctim et eorum cuilibet per se divisim commisimus vices nostras, traxisset in causam, fuissetque in tantum
processum in causa quod pars dicti Willelmi quosdam testes pro-
duxisset ad suam intencionem fundandam ; pars ipsius rectoris
ecclesie de Stone contra ipsos testes per partem adversam productos,
et eorum dicta congruis loco et tempore in forma juris excipiendo,
proposuit quod, cum iidem testes omnes et singuli in serie deposi-
cionum suarum, quatenus pro parte producente et contra rectorem
ecclesie de Stone predictum deponebant, instructi subornati seu
corrupti falsa dixissent, ipsorum deposicionibus in hac parte non
erat fides aliqua adhibenda, offerens se paratum probare legittime
ea que sufficere poterant in hac parte, sed prefatus magister Henricus
tunc decanus et noster commissarius, ut premittitur specialis, perperam
in ipsa causa procedens partem predicti rectoris ecclesie de Stone
super premissis audire et justiciam facere denegavit ; propter quod
ad nostram audienciam legittime ut asseritur extitit appellatum.
Quocirca vobis committimus et mandamus quatinus citetis seu citari
faciatis peremptorie predictum rectorem de Eynesford quod compareat coram nobis vel commissario nostro in ecclesia sancti Pauli
London' sexto die juridico post translacionem sancti Benedicti
abbatis in causa appellacionis hujusmodi processurus facturus et
recepturus quod justicia suadebit ; inhibentes prefato rectori ecclesie
de Eynesford, ac omnibus et singulis quibus jus exigit inhiberi, ne
pendente causa appellacionis predicte quicquam hac occasione per
se seu alios quoquo modo attemptent in partis prejudicium appel-
lantis, quominus liberam habeat appellacionis sue prosecucionem,
prout justum fuerit antedicte.   De die vero recepcionis presencium
et quid in premissis feceritis, nos seu commissarium nostrum dictis
die et loco certificare curetis per vestras litteras patentes harum
seriem continentes.   Datum et cetera.

[*July 26th, 1301. Notification that Robert Wych, rector of Tidrington and of
Alvechurch, both with cure of souls, is entitled to hold both benefices because
he received Tidrington* in commendam, *before the Council of Lyons in 1274.*]

TESTIMONIALES PRO MAGISTRO ROBERTO DE VICHIO SUPER
COMMENDA IN ECCLESIA DE TYDERINGTON' ET INSTITUCIONE IN
ECCLESIA DE ALVECHERCHE.—Noverint universi sancte matris
ecclesie filii ad quorum noticiam pervenerit hec scriptura quod, cum
magister Robertus de Wychio clericus coram nobis Roberto et

cetera diocesim Wygorniensem jure metropolitico visitantibus fuisset[1]
occasione ecclesiarum de Tyderynton' et de Alvecherche, quarum
utrique animarum cura noscitur iminere fuisset,[1] tanquam pluralis
coram nobis ex officio peremptorie ad judicium evocatus, idem
magister Robertus certis die et loco ad quos vocatus extiterat com-
paruit personaliter coram nobis, quo ad dictam ecclesiam de
Tyderynton' commendam ante ultimum concilium Lugdunense suo
perpetuo auctoritate domini . . Wygorniensis episcopi sibi factam et
institucionis titulum quo ad prefatam ecclesiam de Alvecherche quo
eandem ecclesiam ex collacione ejusdem domini . . Wygorniensis
episcopi canonice assecutus extitit, exhibens sub sigillo patris ejusdem, sub quibus quantum ad officium ipsum magistrum Robertum
a nostro examine libere duximus dimittendum. Et in testimonium
premissorum sigillum nostrum fecimus hiis appendi. Datum apud
Theokesber' vij° kal. Augusti, anno et cetera.

*[August 13th, 1301. Letter to the Abbot of St. Michael's Verdun requesting
him to refrain from proceeding against the Archbishop to enforce the papal
provision of Theobald of Bar-le-Duc to the church of Pagham. The Archbishop had already given the benefice to Ralph of Malling, canon of St. Paul's,
and he had appealed to the Pope against the provision of Theobald.]* [2]

ABBATI DE SANCTO MICHAELE VERDUNENSIS DIOCESIS DEPRE-
CATORIA.—Religioso viro et discreto domino . . abbati monasterii
de sancto Michaeli Verdunensis diocesis executori super provisione
seu collacione facta domino Theobaldo de Barroducis de ecclesia
de Pageham Cycestrensis diocesis a sede apostolica deputato Robertus et cetera salutem in omnium salvatore. Dudum dicto domino
Theobaldo ab eadem ecclesia de Pageham ad nostram collacionem
spectante per nos ex certis et sufficientibus causis juris ordine observato in omnibus legitime amoto, et magistro Radulpho de
Mallinge canonico Londoniensis ecclesie, cui eandem ecclesiam contulimus, eidem canonice subrogato, prefatus dominus Theobaldus
per falsi suggestionem et veri suppressionem multiplices eandem
ecclesiam a sede predicta sibi conferri, vestrasque litteras super
execucione hujusmodi gracie nobis dirigi optinuit, per quas nobis
mandastis quod predictum Theobaldum tanquam rectorem ecclesie
memorate in possessionem ejusdem induceremus et inductum defendere curaremus, amoto ab eadem prefato magistro Radulfo
[Fo. 283.] et quolibet alio detentore; et quod similiter | sibi faceremus
de ejusdem fructibus respondere, sicut in processu vestro
in hac parte plenius continetur. Nos vero obicientes in for[m]am

---

[1] *Sic* MS.   [2] Cf. *Cal. of Papal Letters,* i, pp. 572, 591.